eビジネス新書

No.365

週刊東洋経済

デジタル大国中国

週刊東洋経済 eビジネス新書 No.365

デジタル大国 中国

本書は、東洋経済新報社刊『週刊東洋経済』２０２０年１１月２１日号より抜粋、加筆修正のうえ制作しています。情報は底本編集当時のものです。（標準読了時間 ９０分）

デジタル大国　中国　目次

猛スピードで進む中国のデジタル化

北京でパナソニックの中国事業を率いる本間哲朗・取締役兼専務執行役員は、深夜になってからもスマートフォンを手放せない。取引先からのメッセージの着信が続くからだ。

IT大手の騰訊（テンセント）が運営するメッセージアプリであるウィーチャットのユーザーは10億人超。地方政府指導者や大企業トップも、連絡は本人同士のウィーチャットが基本だ。すぐ返信しないと商機を逃す。

動画共有サービスのTikTok（ティックトック）に慣れた中国人消費者は、ショート動画が流れる15秒のうちに、インフルエンサーが使っている商品を買うかどうか意思決定する。2020年11月11日0時に始まった中国最大のネット通販セール「独身の日」のピーク時の注文件数は1秒当たり58・3万件。中国でのビジネスはまさに「秒速」になっている。

こうした中国のデジタル技術は新型コロナウイルスの感染抑制にも即座に投入された。20年初めに感染が急拡大し、1月23日に湖北省武漢市が都市封鎖を行ってから1週間余りで事態は動いた。

ネット通販最大手のアリババグループは本拠を置く浙江省杭州市にエンジニアを集結させた。2月初めにスマートフォンアプリでウイルス感染の有無を証明する「健康コード」のプロトタイプを開発、モバイル決済アプリ「支付宝（アリペイ）」に同機能が付加された。

地元政府の支援を受けてアリババの同サービスは杭州市から各都市に広がり、2月半ばには中央政府に認可され全国へ展開。ライバルのテンセントもすぐに同様のアプリを開発・導入し、健康コードの提示なしには住宅団地の出入りや地下鉄の利用ができないなど、日常生活に感染者情報の特定が組み込まれた。

徹底した隔離と、デジタル技術を即座に実装した感染対策は、コロナ封じ込めに効果を上げた。武漢の封鎖は2カ月半で終わり、主要都市での経済活動も段階的に再開。その後の中国経済は世界に先駆けて回復に向かった。

20年4~6月期の実質GDP（国内総生産）成長率は前年同期比3・2%のプラスに転換。7~9月期には同4・9%に加速した。通年では主要国で唯一のプラス成長が予想されている。

「わが国のデジタル経済の規模は19年にGDPの3分の1を超えた」。9月17日、中国工業情報化省の報道官の謝少鋒氏は記者会見でそう明らかにした。中国のデジタル経済は急速に拡大しており、19年の総額は35・8兆元（約556兆円）とGDPの36・2%を占める。

中国のデジタル経済規模は、すでに日本全体の経済規模と肩を並べているわけだ。中国がコロナ禍で独り勝ちの20年に、さらに日本を引き離すのは間違いないだろう。

とはいえ中国経済も決して盤石ではない。欧米経済の停滞を受けて外需が低迷しているうえ、米中対立の深刻化により海外からの技術の導入も難しくなってきた。

これを受け、中国政府は「2つの大循環」という新たなスローガンを打ち出している。

2020年は中国だけがプラス成長へ

—中国とG7(主要7カ国)の経済成長率予測—

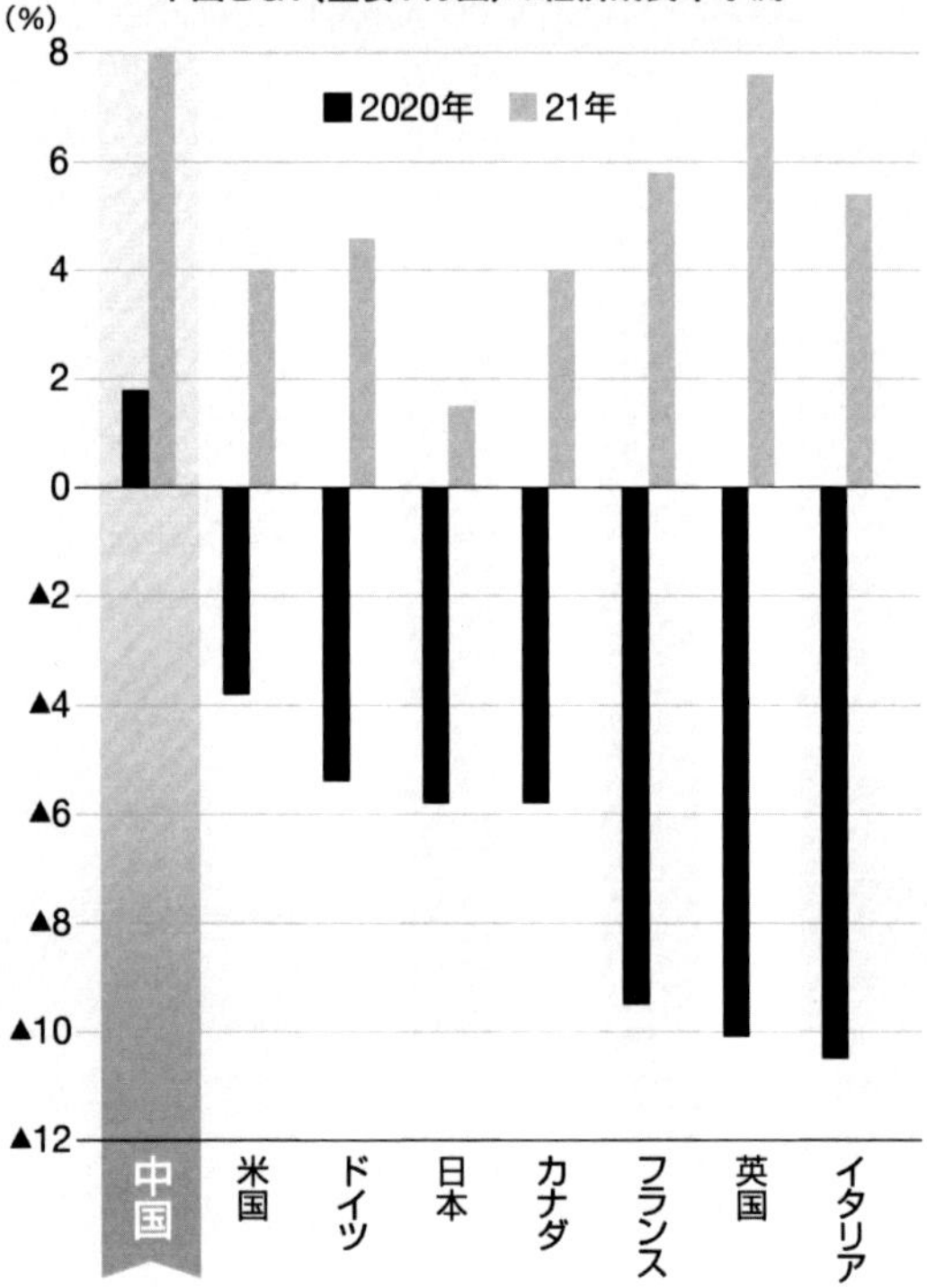

(注)実質GDPベース、前年対比。▲はマイナス

(出所)OECD Economic Outlook, Interim Report September 2020

デジタル化が国策の柱

１９８０年代にはグローバル経済への参加を目指す「国際大循環」が重視された。今回は「国内大循環」が強調されており、内需拡大と技術の自主開発によって海外への依存度を縮小する狙いが見て取れる。米国などによるハイテク企業の封じ込めやサプライチェーンの不安定化にも対応できる。

この路線の下で、中国は「３５年までに１人当たりＧＤＰを中レベルの先進国並みにする」という長期目標を打ち出した。習近平国家主席自ら、「３５年までにＧＤＰと１人当たり収入を倍増させるのは完全に可能だ」と、かなり踏み込んでコメントしている。

２０２０年１１月には３５年までのビジョンの全容が公表されたが、その中で重要な位置を占めたのがデジタル化の施策だった。行政サービスのデジタル化はもちろん、「全国民のデジタル技能を引き上げ、情報サービスのカバレッジを完全なものにする」と明記されている。

生産年齢人口が減少に転じるなど、経済の高度成長を支えてきた条件が失われる中で、中国では生産性の向上が必須となっている。地方都市や農村も含めて大陸全土にデジタル化を行き渡らせ、消費を喚起する狙いもある。

大型国有企業が幅を利かせる中国の国家資本主義体制にあって、そうしたイノベーションを牽引してきたのは民営企業だ。新しい分野だけに規制が明確でないのが幸いした。当局も、グレーゾーンでの活動をあえて容認してきた。

しかし、アリババやテンセントなどのデジタルプラットフォーマーが中国経済の主要なポジションを占めることになり、政府も管理・監督の姿勢を強めてきている。

11月3日にはアリババ関連会社のアントグループのＩＰＯ（新規株式公開）が規制当局の介入で急きょ延期になったほか、「独身の日」セール直前の同10日には国家市場監督管理総局がネット企業の独占的行為を規制する指針の草案を公開。従来のような自由放任時代の終焉を予感させる。政府がデジタル技術によって国民を統制する「デジタル監視社会」の負の側面も顕在化している。

政府の強い統制の下でイノベーションを享受する、「いいとこ取り」を狙った政策が奏功するかは未知数だ。しかし隣国の巨大市場がデジタル化し、企業も競争力を高めている状況を座視すべきではない。今こそ「デジタル大国」の実力を直視する姿勢が必要だ。

（西村豪太、秦　卓弥）

「財新」特報

アリババが拓くローエンド市場

中国のデジタル化を先導したアリババグループ。同社は今、農村やアパレル工場など下沈（ローエンド）市場のデジタル化に注力する。その狙いはどこにあるのか。中国の調査報道メディア「財新」の厳選記事からお届けする。

14億人の内需を狙うジャック・マー

「米国はかつて3億人の内需で世界経済を動かした。そしてこれからは、中国の14億人の内需が世界経済の発展を牽引する――」

アリババグループ創業者の馬雲（ジャック・マー）は、9月15日、中国国際スマート産業博覧会で講演し、中国の内需の潜在力をデジタル技術でさらに引き出すべきだという持論を語った。

馬雲の見方によれば、中国の14億人の内需はまだ十分に掘り起こされていない。内需とは富裕層の消費だけではなく、低所得層の消費こそが本当の意味で持続可能な内需拡大を支える原動力だと考えるからだ。

伝統企業もデジタル化

その意味で、中国の地方の中小都市は巨大な潜在力を秘めた市場だ。「人口100万人の都市を300カ所と人口300万人の都市を100カ所選び出し、デジタルインフラの整備を通じてデジタル消費の拡大を促せば、今後の経済発展を牽引する強力なエンジンになる」。馬雲はそう提案した。

新型コロナウイルスの流行という想定外の事態により、あらゆる企業がデジタル化のより一層の推進を迫られている。それが世界的なデジタル化の流れを加速し、本来なら30〜50年かかったであろう変化が、今や10〜20年で実現可能になってきた。

「新型コロナの流行は、以前は非常時にだけ使われた技術を日常的な技術に変えつつある。これは大きなチャンスでもある。デジタル化の過程において、最も恩恵を受けるのはIT企業ではなく、新しい技術を用いて変化する伝統的な企業だろう」(馬雲)

例えば新型コロナの流行以前、中国の街角にある零細商店でオンライン取引のリテラシーがある店は2割もなかった。しかし「コロナ後」は、わずか1〜2カ月のうちに数十万店のパパママストアがオンラインで注文を受け付けるデリバリーサービスを開始した。

「多くの零細商店がコロナ禍をきっかけにデジタル化の効用に触れ、先進技術の活用を通じた伝統的な商売の改善に目覚めたことが背景にある」と、馬雲は分析する。

デジタル技術の進化により、未来の製造業では多くの作業をロボットが担うようになり、雇用創出のメインステージはデジタル化されたサービス業や金融業に移っていく。「中国の教育を急いで変える必要がある。工業時代のやり方で子どもたちを教え、生産ラインの流れ作業に適した人材を育てていては立ち行かない。デジタル時代にふさわしい新しい教育のあり方を確立する必要がある」。馬雲はそう強調した。

（財新記者・劉沛林）

人工衛星の観測データで中国の農村金融を改革

中国の農村部には作物の種や肥料の調達、農業機械の購入、収穫期の人手の確保など、さまざまな資金需要がある。一方、2019年末発表の報告書によれば、調査対象の農家の31・39%が「融資を望む」と回答したが、実際に融資を受けることができた農家は18・38%にとどまっていた。

そんな中、アリババ系列の網商銀行は、農村部向けの金融サービスに人工衛星のリモートセンシング技術を活用すると9月末に発表した。5日ごとの衛星画像から作物の生育状況を観測し、農家の資金需要を分析・予想。そのうえで、融資の前段階では作物の種類と作付面積に応じて与信枠を設定する。

融資の実行から返済完了までは、実際の作柄や（自然災害などの）潜在的リスクを常時チェックしながら融資条件を自動的に調整する。

「農村部はあまりにも広く、人手による与信調査は現実的ではない。現地調査のコストが融資1件当たり数百～1000元（1元＝約15円）を超えてしまうからだ」。網商銀行で農村金融のリスク管理を統括する顧欣欣氏はそう話す。

同行では人工衛星の画像データに気象データや作物ごとの価格データなどを組み合わせ、数十パターンのリスクモデルの解析を通じて収穫量およびその価値を予想する仕組みを作った。農家に対して合理的な与信枠と返済計画を提案できるという。今後、同サービスを中国全土の690地区で展開し、農村部の3分の1のエリアをカバーする計画だ。

（財新記者・胡越）

ビッグデータ活用で工場のサプライチェーン革命

アリババの「新製造(ニューマニュファクチャリング)」への挑戦も新たな段階に入っている。

9月16日、同社傘下の犀牛智造は3年前から開発してきた新製造のプラットフォームを発表。浙江省杭州市に建設したモデル工場も公開した。

犀牛智造はアパレル製品を対象に、ネット通販の淘宝(タオバオ)の加盟店を通じて集めたデータを自社工場およびサードパーティーの協力工場とリアルタイムで共有することで、多品種少量の生産に短納期かつ低コストで対応できる柔軟なサプライチェーンの構築を目指している。

アパレル製品はタオバオの中で最大の商品カテゴリーであり、流通総額は年間1兆元(約15兆円)を超える。だが流行の移り変わりが早く、商品の入れ替わりが頻繁で、売れ残りによる不良在庫や売り切れによる機会損失などの問題が突出して大きい。

さらに、最近のライブコマース（生中継のネット動画による実演販売）の流行により、製造業のサプライチェーンは以前とはレベルの違う納期短縮を求められている。

こうした問題を解決するため、犀牛智造は3年かけて蓄積した技術やノウハウを今後は外部の製造業者に広く開放する。アパレル以外に将来はかばんや靴にも広げていく計画だ。


（財新記者・原瑞陽）

王者アリババを脅かす新興勢力

アリババグループの司令官が交代して1年。創業者の馬雲（ジャック・マー）の跡を継いで「アリババ経済圏」の舵取りを任された、会長兼CEOの張勇（ダニエル・チャン）が、競合勢力に対して守りを固めるのは容易ではない。

過去1年の間に、アリババの株価は60％も上昇し、時価総額は7523億米ドル（79兆円）に達した。世界の時価総額で5000億ドル（53兆円）を超える企業の中でも、アップルとアマゾンに次ぐ成長ぶりで、最大のライバルである騰訊（テンセント）も追い越した。

しかし、競合となる新興企業を見渡すと、フードデリバリーサービスの美団（メイトゥアン）の株価は1年の間に3・4倍に上昇し、時価総額は約1800億ドル（19兆円）に達している。また、共同購入型の低価格EC（ネット通販）を展開し、EC業界のダークホースとも呼ばれる拼多多（ピンドゥオドゥオ）の株価も3・3倍に上昇、時価総額は1000億ドル（10兆円）に達した。

アリババが運営する中国最大のECサイト「天猫（Tモール）」と長年競合関係にある京東（JD.Com）も低迷期を脱し、一時は時価総額が1200億ドル（12兆円）に達した。これは1年間で3倍近い増加だ。

それぞれの企業の時価総額はアリババにはまだ遠く及ばないが、その背後にはある存在が見え隠れする。テンセントだ。「京東や美団、拼多多といったテンセントが出資する3つのネット企業は、すでにEC市場の版図をめぐってアリババと争えるところまで来ている」と、拼多多のある長期スポンサーは話す。

王興が率いる美団と、黄峥（コリン・ファン）が率いる拼多多は、中国において地方都市にまでその勢力を拡大しており、アリババを挟み撃ちしようという勢いだ。

2019年、アリババの張勇はこうした競合相手と戦うために、グループのフードデリバリーサービスを提供する「餓了麼（ウーラマ）」と共同購入サイトである「ジューファスワン」を先兵に据えた。ただ足元では、美団のフードデリバリーサービスが餓了麼との競争における優位をより確かなものにしている。

勢いに乗る美団が最近手を出し始めたのが、社区（住宅団地）における生鮮品販売だ。同社ＣＥＯの王興は、16年に社内で行った講演の中で、「美団はフードデリバリーにおける最末端での取引にとどまるつもりはない。すべてのオフラインサービス市場のデジタル化に照準を合わせる」と話している。

生鮮品販売については、主にスーパーやショッピングモールを介した販売と配送サービスを運営し、伝統的な食料品市場をオンライン上でも実現することを狙う。8月には美団のアプリで「団好貨」という機能もひっそりと開始された。これは果物、雑貨、穀物や食用油、生鮮品などの商品を即時配送するもので、ホームページの見た目と価格は拼多多のものによく似ている。美団における、リアルの販売の場に最も近いＥＣプラットフォームの挑戦だといえるだろう。美団の野心は小売り販売だけにとどまらず、スーパーやショッピングモールのデジタル化サービスにも狙いを定めている。

これに対抗するアリババは、傘下のスーパー「大潤発」のサプライチェーンや零細小売店向けプラットフォーム「零售通（ＬＳＴ）」を活用。生鮮品と冷蔵商品を住宅団地ごとの店舗で共同購入できる取り組みも始めた。「美団の勢いを何としてもオフラインに押しとどめなければならない。オンラインに進出してくる機会をみすみす美団に与えることはとても危険だ」と、アリババの関係者は語る。

■アリババを包囲するテンセント系の新勢力たち —主要プラットフォーマーの時価総額と出資比率—

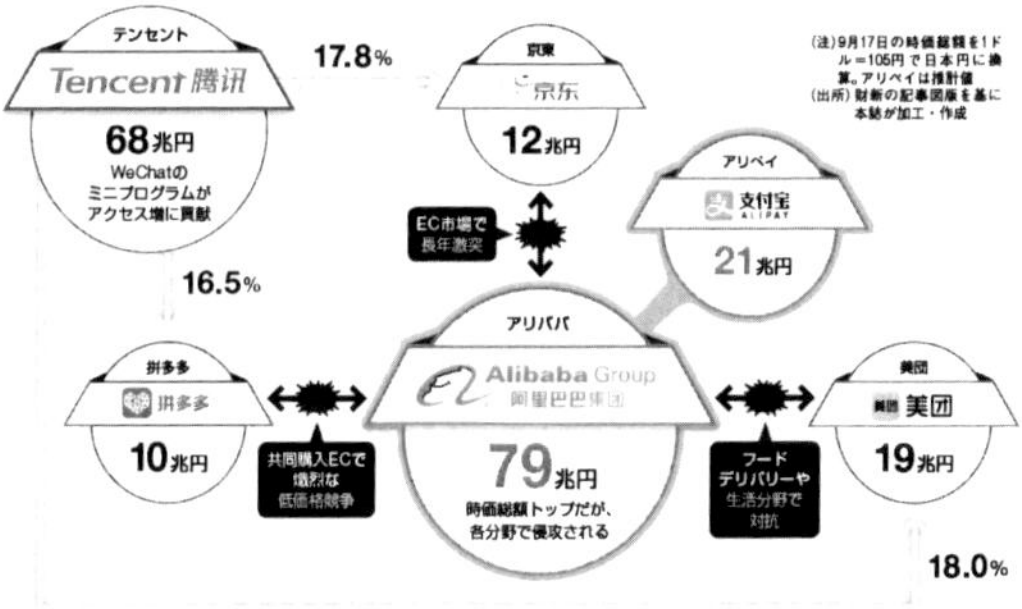

（注）9月17日の時価総額を1ドル＝105円で日本円に換算。アリペイは推計値
（出所）財新の記事図版を基に本誌が加工・作成

良将がいないアリババ

もう1つの戦線では、拼多多が100億元（約1600億円）の割引クーポンをすでに1年以上継続して提供しており、農産品の販売を全国的に拡大している。創業者の黄峥はひそかに上流のサプライチェーンを構築して、拼多多の卸売業バージョンをリリースしている。服飾品などの卸売りで、アリババの独占を打ち破るためだ。

「アリババはEC分野で拼多多の勢いを止められないでいるし、生活密着型のサービスでは美団にかき回されている。市場はアリババの『組織力が強い』という評判に大きな疑問を抱くようになっている」と、ある美団のメインスポンサーは述べる。「アリババの内部では、王興や黄峥に1人で立ち向かえるような人材を見つけるのは難しい。アリババが『良将雲のごとし』と言うのは誇張かもしれない」。

とはいえ、アリババが長年にわたるEC事業の経験によって蓄積した優位は今でも変わらない。企業に天猫で店舗をオープンさせ、アリババのマーケティングを活用させる従来手法で、消費者の利用をいまだに伸ばしている。

また地方にある中小規模の店舗は、手数料やマーケティング費用の支払いにも限度がある。そこで餓了麼では主に全国規模で展開する販売チェーンに狙いを定め、こうした店舗が天猫などで割引クーポン付きのプロモーションを行うことをサポートする。

「アリババは戦略上安定した状態を保っている。だが、最後まで生き残れるのは、日頃から1つの戦略を貫き通す能力を持つ者だ。生活密着型サービスの戦いはまだ始まったばかりだ」と、張勇に近い人物は話す。

（財新記者・銭童）

「財新」のテック業界デスクが解説

中国のデジタル化を象徴する8つの数字

「財新ネット」編集長・屈　運栩

中国最強の調査報道メディア「財新」(Caixin)は、2009年に設立。報道規制が厳しい中国で独自の経済報道を展開している。その果敢な調査報道への姿勢は世界的な高評価を受けている。東洋経済は2020年6月に財新と日本での独占的パートナーシップを締結し、厳選した記事を翻訳・掲載している。

この「財新」が注目する、デジタル実装社会のダイナミズムを表す驚きのデータを紹介する。

①【85・7%】オンライン決済の利用率

コロナ禍でライブコマースなどＥＣの利用者が急増し、オンライン決済利用者は８・０５億人に拡大。インターネット利用者総数の８５・７％を占める。

②【２・７６億人】オンライン診療の利用者数

浙江省のある病院では、新型コロナ感染拡大中に１日のオンライン診療が１０００〜２０００件へ急増、来院患者数は数十〜数百人程度に減少した。

③【４・２３億人】オンライン教育の利用者数

スマホを利用した教育は学校閉鎖により爆発的に成長。２０２０年３月時点でオンライン教育の利用者数は４・２３億人と、１８年末比で１１０・２％増加。

④【１０万台超増設】アリババ、テンセントの自社サーバー数

アリババ、テンセントはビデオ会議サービスなどをすぐさま遠隔学習向けに更新。自社サーバーも１０万台超増設し巨大市場へ進出した。

⑤【1・5兆円】TikTokの広告収入

オンライン動画の利用者は8・88億人に急増。中国版TikTokの2020年広告収入は、19年は約1兆円から1000億元（約1・5兆円）へ達するとの市場予測も。

⑥【6・83億人】新興テックのサービス利用者数

共同購入型ECの拼多多（ピンドゥオドゥオ）は広大な地方市場でユーザーを開拓、年間アクティブユーザー数は6・83億人と首位アリババに迫る。

⑦【58兆円】「新型インフラ」の特別債

中国政府は5GやAIなどを対象にした「新型インフラ」の概念を提唱。2020年に3・75兆元（約58兆円）の特別債を地方自治体向けに発行。

⑧【6600万件】5G端末接続数

2020年の5Gネットワークへの投資額は約1800億元（約2・8兆円）。40万超の5G基地局や500超の産業用インターネットプラットフォームを開発。

屈 運栩（くつ うんく）

ロサンゼルス・タイムズやブルームバーグ、AFPを経て、2011年に財新入社。テクノロジー領域が専門。ビジネスカテゴリー編集長。

「アジアの国々に中国のスマート社会が広がろうとしている」

パナソニック専務 中国・北東アジア社 社長・本間哲朗

変化が激しい中国のスピードについていくためにパナソニックは2019年4月に地域カンパニー、中国・北東アジア（CNA）社を設立。そのトップの本間哲朗専務にデジタル社会・中国での経営について話を聞いた。

――中国事業が堅調です。

コロナ禍もあったが、中国内では家電など一般消費者向け商品の売上が4～9月の半年間で前年同期比1割伸び、シェアも向上した。CNA社設立前の事業部制では、日本にいる事業部長の承認がないと物事が進まなかった。だが変化が激しい中国市場を日本にいる管理職が理解するのは難しい。

とくにコロナ後の9カ月間は事実上、日中の人的往来が停止した。自立した海外での経営という点でCNA社はマッチできている。

――中国のデジタル社会の現状をどう見ていますか。

スマートフォンが中国の社会を変えている。スマホで物を買い、ビッグデータマーケティングを行い、チャットで素早いコミュニケーションを行っている。

中国は世界で唯一、本当の意味でスマート社会が実装された。私は「国民皆スマホ」と呼んでいる。スマホは実名制なので、ID、顔情報、銀行口座などが結び付き、すべての取引がスマホを介している。私自身も19年の秋から人民元の紙幣や硬貨に触っていない。

――「国民皆スマホ」社会でいかに製品を売ればいいのでしょうか。

面白い現象が起きている。中国のEC（ネット販売）はアリババの「天猫」と京東という2大プラットフォーマーに寡占されていたが、今はスマホをベースにしたメーカーと消費者のダイレクトコマースが広がっている。その代表がライブコマース。2大プラットフォーマーをスキップして、メーカーとユーザーが直接つながることも夢ではない。

――本間さんもライブコマースに登場してかなり有名になりました。

先頭を切って意識を変えようとしている。コロナ前は中国でもリアル店舗で商品を見て、ECで購入するモデルが成立していたが、今はECサイト上ですべて決めるようになった。とくに若者はTikTokに慣れているためか7～8秒で物を買うかどうか決めるといわれている。

また中国では顔が見えるビジネスリーダーが求められている。馬雲（ジャック・マー）氏はその代表で、私も動画のほか「微博（ウェイボー）」（SNS）を開設するなど試行錯誤しつつ発信している。

写真：パナソニック

得意の中国語を生かし、本間氏自ら積極的に動画に出演した

――企業として中国のデジタル化の威力を感じることはありますか。

ＩＴの力をいかに掛け合わせるかにある。９月末に馬雲氏が行ったスピーチが印象的だった。彼は、事業のすべてのプロセスでデジタル化をやるべきで、デジタル化に遅れた企業は１０年後おそらく世の中に存在していないと話した。

私がＣＮＡ社に着任した1年半前までは社内に紙やハンコなどアナログなプロセスがたくさんあった。ある中国人社員に「この会社で働いていると自分のキャリアにさびが付く」と言われ、社内のデジタル化を独自に進めている。

――具体的にはどのようなものがデジタル化していますか。

一部の事業所では、社内の決裁、経費処理、出張処理も含めスマホ上で完結できるようにした。またコロナ後は、構内に入る際に来客管理も含め顔認証や体温測定が当たり前となり、会議室の管理もスマホでできるようになった。

――日本でもデジタル化の必要性が叫ばれています。

中国はスマホをベースにしたインフラが整っており、DXが日本よりも進んでいる。パナソニック直営のECサイトを日本でも細々とやっているが、中国では「松下電器商城」として幅広く展開している。日本本社では支払いプラットフォームをどうするかという議論だけで3カ月かかるが、中国だとウィーチャットペイなどで迷いなくすぐできる。

20年9月からはECサイトでリフォームも販売している。キッチンなどのリフォームをEC上で提案し、代理店につないで実際の採寸や施工を行う。日本ではどうやればいいか突破口を見つけるのも難しい。

――これらのモデルを日本に持ち込むことは可能ですか。

日本では社内のプラットフォームを作るだけでも大変だ。むしろ中国で築いたモデルをアジアや中近東などに提案していく段階だ。

これら広域アジアの国々は中国のスマート社会を見ており、多くのECプラットフォーマーもこれらの国に進出している。リクルート業務などで北京大学に行くと、新興国の学生が多く留学している。彼らは中国のビジネスモデルを自国に持ち帰ろうとしている。

――ただ、CNA社には中国で進んでいる新モデルを日本に反映させるという目的がありました。

中国で取り組んでいるコスト改善は日本向け製品にも展開しているので、決して日本をなおざりにしていない。ただ、ビジネスモデル革新では日本が中国に追いついてこない。日本社会は変化に弱くなっていて、変化を受け入れる広域アジアのほうが先を走っている。

――日本企業はどうキャッチアップすればいいのでしょうか。

日本で行われた若手社会人による新サービスのピッチの審査員をやった際に、ショックを受けた。ビッグデータなどのキーワードがまったく出なかったからだ。中国で同様のイベントが行われれば、大学生ですらそれくらいは言う。

中国ではスマートな社会が実装された環境で戦うのが当たり前だ。その環境に身を置いて戦わないとギャップは埋まらない。中国の人口は日本の１０倍。賢い人も１０倍いて彼らが動かす巨大なＩＴ産業がある。多くの日本の企業や若者が中国に飛び込んで、中国の会社と頭や腕を競い合うことが必要だ。

――一方で、中国のデジタル化には、情報統制など政治的なリスクも感じます。

中国の顧客データを中国内のサーバーで管理するというのは一番にやることだ。ただ、それができればリスクは管理できる。中国の消費者は自分たちの購買行動がプラットフォーマーに分析されることを嫌だとは思わない。情報が分析されることで社会が便利になるのをよしとしており、先進国の消費者とは異なる。広域アジアの若い消費者も中国の状況を見て、同様の意識が広がる可能性が高い。

――日本企業が中国で求められる機能や強みはまだありますか。

信頼性や幅広い製品群を持っていること。パナソニックは住空間を構成する商品をほとんどそろえているが、そういう会社は中国にない。技術力や世界で通用するブランドもある。それらの強みを生かしつつ、「チャイナスピード」「チャイナコスト」「チャイナスタイル」を実現できるかが勝負だ。

中国の特徴は5つある。1つ目は市場が大きいこと。次に新しい技術を吸収する力が並外れて強い。3つ目に失敗に寛容であること。4つ目はエンジニアの絶対的な供給量が大きいこと。そして最後が並外れて強いサプライチェーンだ。

いずれも日本の製造業にとって大事な要素だ。日本の製造業がグローバルにプレゼンスを維持し続けていくうえで、中国市場と折り合いをつけることは非常に大切だ。

（聞き手・劉　彦甫、西村豪太）

本間哲朗（ほんま・てつろう）

1961年10月生まれ。家電事業を担うアプライアンス社社長を経て2019年4月から現職で北京に駐在。若手時代に台湾で鍛えた中国語力に定評。

デジタル最前線で競う日本企業

かつて日本企業にとって中国といえば、人件費の安い「世界の工場」や世界一の人口を有する「巨大な市場」だった。だが現在では、中国でビジネスを成功させている企業は、中国をデジタル戦略の最前線と認識している。

「中国だけで3000店舗は十分可能だ」。10月の決算会見で、ユニクロを展開するファーストリテイリングの柳井正・会長兼社長はそう断言した。

ユニクロの中国事業（香港・台湾を含む）の2020年8月期の売上高は4559億円。新型コロナウイルスの影響で減収だったものの、5年前比で1・5倍に拡大し、ファストリ全体の2割強を稼ぐ収益柱だ。8月末時点での中国本土の店舗数は767店に増え、21年度には国内ユニクロ（813店）を抜く可能性が高い。

柳井会長が自信を抱く背景には、デジタルを駆使した販売戦略の成功がある。代表例がＥＣ（ネット通販）の成長だ。ファストリは売上高のＥＣ比率を３０％に引き上げる中期目標を掲げるが、国内ユニクロの前期実績は１３％。一方で中国は２５％と先行する。

ECの売り上げは年々拡大

—ユニクロ中国事業の売上高とEC比率の推移—

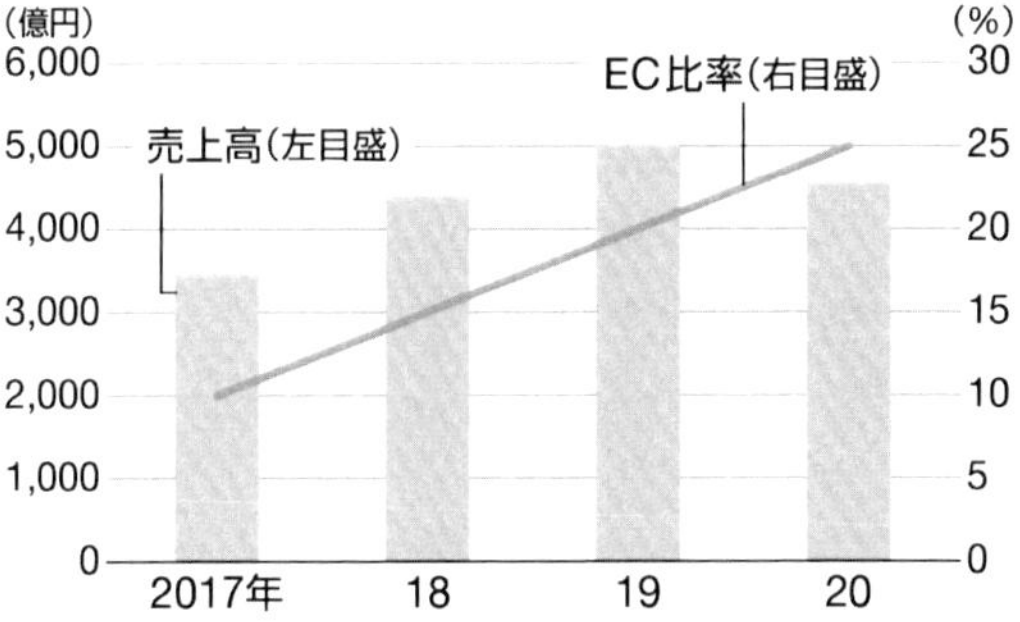

(注)各8月期。売上高は台湾・香港も含む。EC比率は一部推計値
(出所)ファーストリテイリングの公表資料などを基に本誌作成

スマートフォンアプリなどでの購買が広く浸透している現地事情に加え、実店舗とECの在庫連携が進んでいる効果も大きい。国内ではEC注文商品はすべて専用倉庫から購入者宅や店舗へ発送されるが、面積が広い中国本土では店舗も倉庫の役割の一端を担う。

例えば、アリババグループなどが毎年11月11日の「独身の日」に展開するECの一大商戦では、殺到する注文の一部について実店舗で在庫を確保して引き渡し来客増につなげるなど、O2O（ECと実店舗の融合）戦略の成功例が生まれている。無駄な配送を減らすことで収益性も高まる。

顧客開拓でもデジタルの活用が生きている。あるアパレルの幹部は「中国の若者にブランド認知を広げるには、若者が憧れるKOL（キーオピニオンリーダー）の獲得が欠かせない」と語る。

中国ユニクロではメッセンジャーアプリのウィーチャットや中国本土版TikTokの抖音（ドウイン）などSNS上でのマーケティングで若年層を開拓する戦略を重点的に推進。中でもインフルエンサーであるKOLを通じた発信効果は絶大だ。

「ＫＯＬと同じような着こなしを求める顧客がＳＮＳ上でユニクロの商品情報を投稿し、それがほかの顧客の商品購入につながる現象が起きている」と現地担当者は手応えを語る。国内よりはるかに進む中国のデジタル戦略は、ファストリ成長の原動力となりそうだ。

中国に進出している日系企業では最大級の規模を誇るパナソニックも、デジタル大国・中国での事業を強化している。同社は１９年４月に家電や住宅設備機器などの事業を持つ地域カンパニー、中国・北東アジア（ＣＮＡ）社を設立。中国ビジネスの経験が豊富な本間哲朗専務がトップに就任した。

代表権を持った役員が海外事業のトップに就くのはパナソニック史上初。津賀一宏社長が「中国で勝てなければ、パナソニックが今後生き残ることはできない」と語るほど中国市場を重視する。

その最大の理由は今や「世界でいちばん進んでいる」（パナソニック社員）中国のＩｏＴ家電やスマートホーム市場の存在だ。すでにアリババグループや百度（バイドゥ）

などの中国ＩＴ大手は独自のＩｏＴプラットフォームを展開する。過去には津賀社長がたびたび訪中し、トップ外交を展開。ＩｏＴ冷蔵庫からアリババの生鮮食品ＥＣに直接アクセスできるといった連携を実現してきた。

長らく低収益に苦しむパナソニックは１８年に「くらしアップデート」という新経営方針を発表。単品売り切り型のビジネスモデルから、ＩｏＴ家電やスマートホームのような、製品とソフトウェアを組み合わせて継続的に課金できるサブスクリプションモデルへの転換を目指している。中国でのＩｏＴ家電展開はまさにその先駆けだ。

開発も販売も中国流

ＣＮＡ社では中国人開発部隊による中国発のＩｏＴ家電を生み出すなど、現地ニーズに沿ったＩｏＴ家電の展開を急ぐ。本間氏は「いずれ中国で開発した製品を日本や欧米などに持ち込みたい」と、中国のデジタル化の果実をパナソニック全社へ還元することを狙う。

また足元では製品開発だけでなく中国式のデジタルマーケティングにも注力しシェア拡大を図る。その1つが、ライブ配信とECを組み合わせた「ライブコマース」だ。中国では商品を紹介する配信者とリアルタイムで質疑応答ができるライブコマースが普及。一時は本間氏自ら連日出演するなど、トップ自らマーケティング改革を主導する。「中国にあるほぼすべての消費者向け製品の工場にスタジオがある」（本間氏）ほどだ。

本間氏は「清潔」や「非接触」がコロナ後の新たなキーワードになったと指摘する。スマホで解錠する商品受け渡し用の非接触ロッカーをすでに開発しコーヒーチェーンなどに納入。「次に生まれる潮流をつかむのが大事」と激変する中国のデジタル市場で先陣を切る。

技術力で日本が大きくリードしている電子部品企業も、中国拠点での活動に変化が出ている。京セラは19年4月、ハイテク企業が集中する深圳に「京セラ（中国）イノベーションセンター」を開設。現地のスタートアップ企業との意見交換や連携などを通じ、新しい技術や発想を取り込むオープンイノベーションの場をつくった。

コロナ禍もあり、同センターを来訪しての直接交流が難しくなったことから、20年11月に組織変更を実施。エンジニアを数十名加えた創新開発部に改組し、「京セラ中国イノベーションパーク」としてオンラインでの交流や製品情報の発信を強化している。

米中摩擦の影響で中国ではさまざまな製品の国産化が続いている。創新開発部を管轄する京セラ（中国）商貿有限公司の三田泰伸・副総経理は、「今後、中国独自の技術や機能を持った中国発スタンダードがさらに出てくるかもしれない。米国とは異なる巨大市場に対応する準備が必要だ」と強調する。

急速に発展する中国のデジタル環境から新たなビジネスモデルを探ることはスタンダードになっている。


（真城愛弓、劉　彦甫）

ユニクロの上海旗艦店。実店舗とECの連携は日本以上に進む

パナソニックはライブコマースで現地開発の商品を販売

中国テックと連携「3つの秘訣」

ジャンシン　CEO・田中年一

伸び盛りの中国テック企業と日本企業が手を組むケースが目立ってきた。

2020年4月、ソニーは中国の動画配信サービス大手ビリビリに約436億円を出資し、同社の約5%の株式を取得すると発表。アニメやモバイルゲームなど、中国のコンテンツ・エンターテインメント分野での協業を目指す。ほかにもみずほ銀行やテルモ、トヨタ自動車など、近年の日中連携の例は枚挙にいとまがない。

大手に限らず、日本企業が中国テック企業と連携するうえでは大きく3つの形がある。

まずは中国テック企業に投資するVC（ベンチャーキャピタル）ファンドへの出資

を通じて、中国のスタートアップかいわいのコミュニティーに入っていくやり方だ。米シリコンバレーでは4～5年ほど前から、日本企業が現地のVCファンドに出資する動きが多く見られるようになった。その流れが今、中国でも起きつつある。

みずほやテルモも出資

直近の代表的な例は、みずほ銀行と第一生命保険による「アジアのシリコンバレー」深圳のVCファンドへの出資。医療機器大手のテルモも、上海の医療関連VCファンドへの出資を9月に発表したばかりだ。

次に、巨大な中国市場での事業展開を狙って中国企業と連携する形だ。冒頭のソニーに加え、トヨタ自動車も19年からCATLやBYDなど中国の電池関連企業と相次いで提携した。現地の完成車メーカーとの合弁で、プラグインハイブリッド車（PHV）の「カローラ」なども展開している。

3つ目は、日本市場をターゲットとして中国企業と組む形。富士通系でスキャナーやキオスク端末などを手がけるＰＦＵを例に、連携実現に至る流れを見てみたい。

ＰＦＵはイメージスキャナーで世界シェア１位だが、デジタル化が進む中でスキャナー中心の事業構造への危機感から、デジタル分野で先行する中国からもヒントを得ようと機会を模索。連携先候補のテック企業５社を選び、１９年１２月に上海でピッチ（投資家向けプレゼンテーション）の場を設けた。

そこで優秀賞に選ばれたのが北京の亮亮視野（LLVision）だ。同社は、ＡＩとＡＲ（拡張現実）技術によるスマートグラスを活用したソリューションを提供している。ＰＦＵからは本社の役員２名もピッチに出席。LLVision が持つ技術や製品を基に新たなソリューションを共同開発することを目指し、同社との連携を当日に決定した。LLVision も、ＰＦＵと組むことで日本市場での展開を加速させる狙いだ。

先端技術を日本で展開すべく中国企業と連携

亮亮視野（LLVision）が手がけるAIとAR（拡張現実）技術を使ったスマートグラス。富士通系のPFUをはじめ、複数の日本企業が先端技術を求めて連携を模索

出資を迫られたら要注意

中国テック企業との連携は「投資ありき」と思われがちだが、必ずしもそうではない。中国側が日本企業に期待しているのは、資金面よりも事業面でのシナジーが大きい。とくに優秀な中国企業は現地の投資家から引く手あまたであり、逆に日本企業に資金面のサポートを強く求めてくる場合は、その企業が中国国内でそっぽを向かれている可能性がある。

交渉の進め方も要注意だ。例えば日本企業が中国メーカーに1000万円分の部品を発注する際、最初に500万円を支払い、残りは実際に納品されてから払いたいと考える経営者は多い。そこで中国側から、「最初から1000万円でないと引き受けません」と言われると、「冗談じゃない」と諦めてしまうことがある。初めに全額支払ってしまうと、質が不十分な部品が来たときに改良を依頼しづらいというデメリットもあるが、中国側は交渉の中で高いボールを投げてきがちなことを頭に入れておきたい。

スピード感も非常に重要。中国は国そのものの変化が速く、テック企業はなおさらである。連携開始に向けてＮＤＡ（秘密保持契約）を結ぶ際、日本のとくに大企業は社内の稟議や法務面のチェックなどに手間取り、準備に1カ月ほどかかってしまうことが多い。中国側は1日、2日で契約を結ぼうとするケースもあるため、「日本企業は遅いから、やる気がないのでは？」と見限られかねない。

日本企業はトップダウンで迅速に意思決定する必要がある。そのためには、経営者や現場社員が今の中国をできる限り正確に理解することと、現地で柔軟に動くための体制構築が欠かせない。準備万端といえる企業はまだ少ないが、より多くの日本企業が中国テックとの連携のあり方を模索し、危機感とスピード感を持って行動していくことを期待したい。

田中年一（たなか・としかず）

2015年に日中のイノベーション共創を推進するアクセラレーター「ジャンシン（匠新）」を創業。東京大学工学部航空宇宙工学科卒業、米国公認会計士。ＩＴエンジニアの経験も。

「中国100強」最新ランキング

コロナ禍と米国による制裁に揺れた2020年上半期。中国の有力企業100社の業績は大きく変貌した。

デジタル化の大きなうねりは中国企業の決算にも顕著に表れている。新型コロナウイルスの猛威に揺れた2020年初めはあらゆる産業の収益が落ち込んだが、アリババグループ、騰訊（テンセント）の2大デジタルプラットフォーマーをはじめネットサービスを提供する企業の収益は大幅に拡大した。4月以降、武漢など各都市での都市封鎖（ロックダウン）が解除され、経済活動がほぼ正常化してからも、不可逆的に成長を続けている。

東洋経済は、成長性や事業規模、技術力を基準に、現在の中国を代表する有力企業を「中国１００強」として幅広い産業の中から独自に選出している。今回は新型コロナの影響が色濃く出た２０年度１~6月期（上半期）と１９年度通期の最新決算データを集計。その中で、２０年度上半期の増収率、増収額、増益率、増益額の上位を並べたのが次のランキングだ。

成長性ランキング

増収率

順位	社名	増収率
1	華大基因(BGI)	218.1%
2	ビリビリ	69.5%
3	蔚来汽車(NIO)	62.1%
4	拼多多(ピンドゥオドゥオ)	58.3%
5	順豊	42.0%
6	虎牙(Huya)	40.3%
7	江西銅業	39.9%
8	貝殻找房(Beike)	39.0%
9	アントグループ	38.0%
10	藍城兄弟(BlueCity)	36.7%
11	晶科能源(ジンコソーラー)	33.0%
12	中芯国際(SMIC)	29.4%
13	京東(JD.com)	28.0%
14	騰訊(テンセント)	27.9%
15	永輝超市	22.7%
16	網易(ネットイース)	22.1%
17	舜宇光学科技	21.1%
18	平安健康医療科技	20.9%
19	恒大集団	17.5%
20	歌爾(ゴアテック)	14.7%

増収額

順位	社名	増収額(億円)
1	京東(JD.com)	11,916
2	中国人寿保険	8,871
3	華為技術(ファーウェイ)	8,274
4	騰訊(テンセント)	7,640
5	中国建築	6,715
6	江西銅業	6,585
7	恒大集団	6,226
8	中国建設銀行	4,339
9	順豊	3,306
10	アントグループ	3,138
11	永輝超市	1,466
12	万洲国際	1,422
13	貝殻找房(Beike)	1,201
14	小米集団(シャオミ)	1,183
15	拼多多(ピンドゥオドゥオ)	1,083
16	網易(ネットイース)	1,001
17	京東方科技集団(BOE)	915
18	三一重工(SANY)	911
19	中国工商銀行	870
20	中国聯通	855

収益力 ランキング

増益率

順位	社名	増益率
1	欧菲光集団(オーフィルム)	2285.7%
2	アントグループ	1460.2%
3	海能達通信(ハイテラ)	1147.6%
4	華大基因(BGI)	738.1%
5	中芯国際(SMIC)	330.4%
6	晶科能源(ジンコソーラー)	263.6%
7	京東(JD.com)	120.7%
8	虎牙(Huya)	114.6%
9	百度(バイドゥ)	73.6%
10	華能国際電力	49.7%
11	歌爾(ゴアテック)	49.1%
12	網易(ネットイース)	48.3%
13	科大訊飛(アイフライテック)	36.5%
14	永輝超市	35.4%
15	聯華超市	34.9%
16	唯品会(VIP.com)	31.8%
17	小米集団(シャオミ)	31.2%
18	中興通訊(ZTE)	26.3%
19	三一重工(SANY)	25.5%
20	北方稀土	23.3%

増益額

順位	社名	増益額(億円)
1	アントグループ	3,120
2	騰訊(テンセント)	1,673
3	京東(JD.com)	1,504
4	華為技術(ファーウェイ)	1,076
5	貴州茅台酒	416
6	網易(ネットイース)	414
7	華能国際電力	299
8	三一重工(SANY)	270
9	小米集団(シャオミ)	249
10	百度(バイドゥ)	241
11	華大基因(BGI)	228
12	美団(メイトゥアン)	186
13	中芯国際(SMIC)	167
14	順豊	104
15	藍城兄弟(BlueCity)	87
16	唯品会(VIP.com)	84
17	永輝超市	76
18	欧菲光集団(オーフィルム)	75
19	晶科能源(ジンコソーラー)	68
20	海康威視数字技術(ハイクビジョン)	64

(注)2020年1~6月期の前年同期比。純利益(少数株主持ち分を控除)ベース。3月期決算のアリババグループと聯想集団(レノボ)は集計から除外。増益率、増益額ランキングは赤字企業を除外。為替は1元=15.7円、1香港ドル=13.6円、1米ドル=105円で換算　(出所)各社決算資料を基に本誌作成

主に新興企業の成長性を示す増収率のランキングでは、ゲノム解析を手がける華大基因（ＢＧＩ）の売上高が前年同期比約３・２倍と急拡大しトップに。これはとくに新型コロナ検査キットの需要によるものだ。日本でもシスメックスが同社製の検査キットの薬事承認を取得、医療機関へ提供している。

同2位はアニメなどを中心とした動画配信サービスのビリビリで、増収率は前年同期比7割に迫る。巣ごもり需要が追い風となり、月間ユーザー数が１・７億人に急増（１９年度末は１・３億人）。ビリビリは２０年４月にソニーの出資を受け業務提携を締結、アニメやモバイルゲーム分野で協力する。

大企業の成長性を示す増収額のランキングでとくに目立ったのが、デジタル化を進めるネット企業の躍進だ。約１・２兆円増とトップに立ったのはＥＣ（ネット通販）大手の京東（JD.Com）。同社の設立記念日、６月１８日に実施される「６１８セール」は、１１月１１日の「独身の日」と並ぶ大規模商戦になっており、コロナ禍でリアル店舗の個人消費が落ち込む中、一手に需要を取り込んだ。ＥＣ好調を受けて広告収入や自社グループで手がける物流事業も急伸、上半期売上高は前年同期比２８％増の約

5・4兆円と業績を押し上げた。

EC最大手のアリババグループは3月期決算のため上半期ランキングの集計対象から除外しているが、4~6月期の増収率は前年同期比33・8%と高成長を持続。アリババ最大のライバルであるテンセントの上半期売上高は同27・9%増の3・5兆円、増収額では4位に入る。それぞれ主力のEC・クラウド、ゲーム・ソーシャルネットワーク事業が伸びたほか、コロナ禍を契機にオンライン教育向けのサービスへ本格参入するなど、事業領域を拡大させている。

デジタル帝国築いたアリババ

純利益ベースの増益額ランキングでトップ、そして増益率ランキングでも2位と抜群の収益力を示したのがアントグループ。アリババの関連企業として、グループ中核のモバイル決済サービス「支付宝(アリペイ)」を展開する。

その収益力の源泉となっているのが、「スーパーアプリ」と呼ばれる中国独自の進化を遂げたモバイルプラットフォームだ。アリペイのアプリを起動すれば、買収子会社や外部企業のサービスを含むおびただしい数のミニアプリにアクセスすることができ、地下鉄の自動改札機通過からフードデリバリー、オンライン医療、行政手続きまで、日常生活で必要なサービスの大半を利用できる。

こうした利便性から、アリペイは世界200以上の国と地域で10億人超（年間アクティブユーザー数）が利用。20年6月までの1年間でアリペイが処理した取引総額は118兆元（約1850兆円）と、テンセントの「微信（ウィーチャット）」と並び、文字どおり中国社会の基幹インフラの1つとなっている。そのアリペイを経由する個人の購買行動履歴や各サービスの利用情報などからビッグデータを収集・分析、ＡＩ（人工知能）を駆使した金融サービスに誘導し、アントは利益を上げているのだ。

金融サービスを核に膨張するスーパーアプリ
―アリペイで使えるサービス―

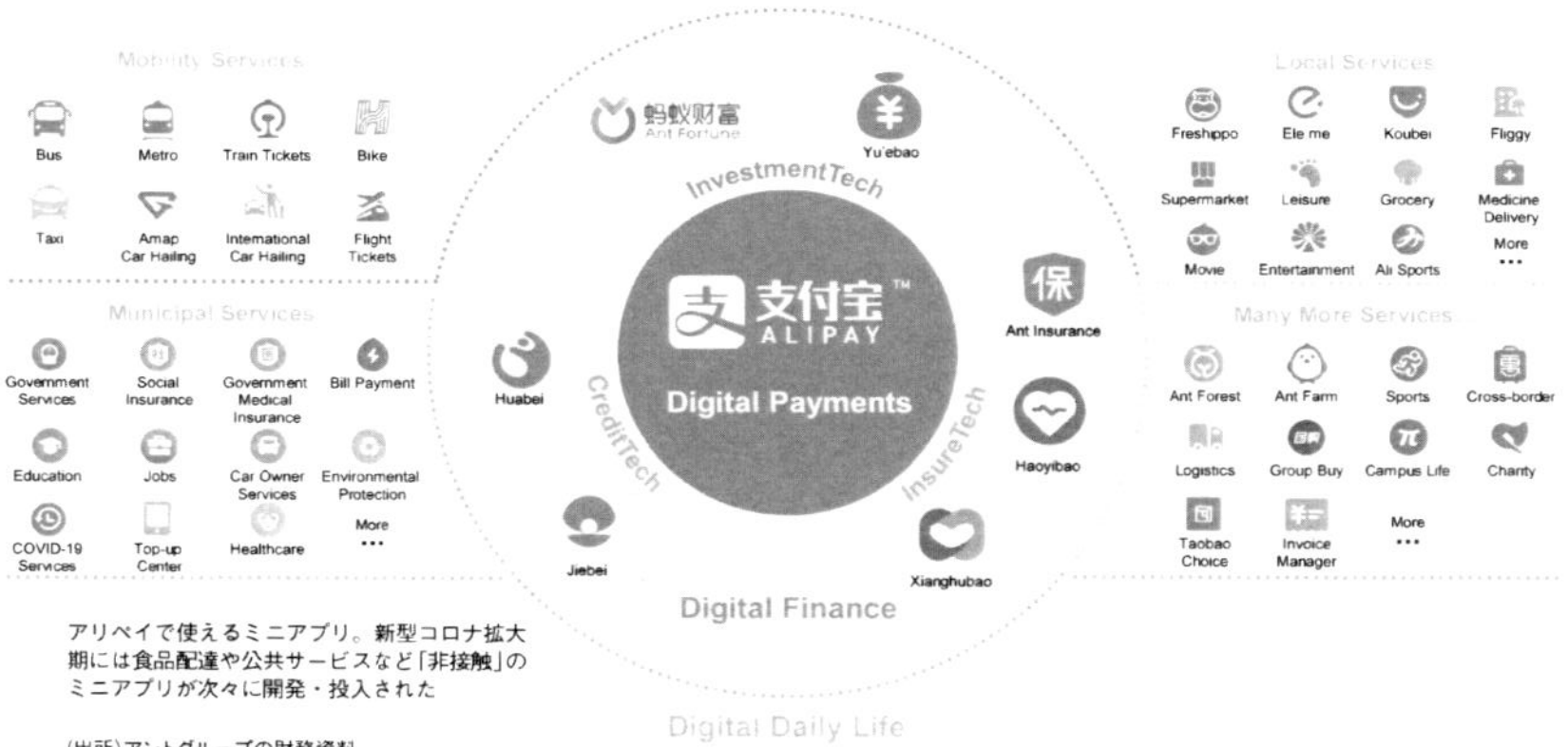

アリペイで使えるミニアプリ。新型コロナ拡大期には食品配達や公共サービスなど「非接触」のミニアプリが次々に開発・投入された

（出所）アントグループの財務資料

例えばアリペイにチャージされた個人の余剰資金は、わずか1元（約15・7円）から、世界最大級のマネーマーケット・ファンドである「余額宝（ユエバオ）」を介して、誰でも手軽に資産運用できる。購買意欲は旺盛でもお金がない若年層向けには、オンライン上の消費者ローン・後払いサービスの「借唄（ジエベイ）」「花唄（ファベイ）」を提供している。

ほかにもネット銀行の「網商銀行（マイバンク）」や個人信用評価システムの「芝麻信用（セサミクレジット）」など、大手商業銀行のはるか先を行くオンラインの金融サービスを開発・提供し、決済手数料収入のみにとどまらない巨額の利益を得てきた。

2004年にアリペイが誕生してからわずか16年で、デジタル金融帝国を築き上げたアント。だが、資本規制に縛られず金融サービスを提供していることへの批判も高まる。11月初旬に上海、香港の両証券取引市場に史上最大の調達額でIPO（新規株式公開）を果たす直前に、急きょ金融当局の介入を受けIPOを延期させられた。今後成長を維持できるかに関しては、政府との距離が焦点になりそうだ。

アントを筆頭にネット業界は好調だった一方、「中国100強」の売上高合計は

19年度通期が前年同期比9・2%増だったのに対して、20年度上半期は同5・2%減とマイナス成長に陥った。これは新型コロナの感染拡大や都市封鎖などの影響をもろに受けた消費・レジャーや自動車・機械産業などが押し下げたためだ。

国営映画会社の中国電影の上半期売上高は前年同期比9割減。カジノやホテル、総合リゾートを運営するマカオの銀河娯楽集団は同76・3%減、中国南方航空や春秋航空などの航空大手も4割超の大幅減収となった。経済活動が再開したことで内需産業はおおむね下半期に回復を見込めるが、出入国制限の影響を受ける航空産業などはなお復調に時間がかかりそうだ。

工場の操業停止により、自動車・機械産業も苦戦した。自動車メーカーで中国最大手の上海汽車集団は前年同期比25・4%の減収。つれて鉄鋼や石油の需要が減退し、国有企業を中心とした資源・インフラ産業の業績も悪化した。ただ中国の自動車販売台数は3月の大底を経て、5月以降、前年同月比2桁増ベースで回復を続けており、下半期はV字回復が見込まれる。

EV（電気自動車）も回復軌道に向かっている。「中国のテスラ」とも呼ばれる地場の新興EVメーカー・蔚来汽車（NIO）の20年1〜6月期決算は売上高が62・1％増、赤字も大幅に縮小した。前期は発火事故や補助金削減によって一時は資金繰り難も懸念されたが、今期は補助金延長やSUV車種の好調などが後押しし過去最高の納車台数を記録している。

20年10月、中国政府が35年までにガソリン車を全廃し環境対応車に切り替える方針を示したことで、米国預託証券で上場する同社の株価は急騰している。

米制裁に苦しむハイテク

足元の業績は堅調な一方で今後の苦戦が予想されるのは、米中対立の影響が懸念されるハイテク領域の企業。その筆頭が、制裁強化に苦しむ中国の通信機器最大手の華為技術（ファーウェイ）だ。

20年5月と8月に米商務省が制裁強化を打ち出したことにより、9月15日までにファーウェイ向け半導体の出荷が停止。スマートフォン生産に支障を来し、低価格スマホブランド「Ｈｏｎｏｒ」の売却もささやかれる。上半期までは国内に在庫を振り向けたスマホ販売や基地局事業が好調で2桁の増収増益だったが、下半期の失速は避けられそうにない。

中国の半導体受託製造（ファウンドリー）最大手で、ファーウェイ向けに半導体を供給してきた中芯国際（ＳＭＩＣ）も米政府からの輸出規制が発動。同社が１０月に公表した声明文では、「生産や経営に深刻な負の影響が生じる可能性がある」としている。

中国最大のタッチパネルメーカー・欧菲光集団（オーフィルム）も米国により禁輸対象となる「エンティティーリスト」に追加。２０年9月には主要取引先の米アップルが廉価版ｉＰａｄのサプライチェーンから同社を除外し、台湾企業に切り替えるとの報道が飛び出し株価は急落した。ハイテク企業は当面難しい舵取りを迫られそうだ。

（秦　卓弥／データ集計・中山一貴、星出遼平、若泉もえな）

アント「3兆円上場延期」の舞台裏

史上最大の資金調達を予定していたアントグループのIPO（新規株式公開）は突然の延期となった。

アントはアリババグループの関連会社として、10億人超が利用するモバイル決済の「支付宝（アリペイ）」や金融事業を展開する。11月5日に香港、上海の証券取引所へのIPOを予定し、345億ドル（約3・6兆円）と史上最大の資金調達を見込んでいた。ところが、前々日の11月3日に延期が公表されたのだ。

伏線はあった。アントが手がける消費者金融事業の融資残高は1・7兆元（約26兆円）と中国の短期消費者融資全体の21％を占めるのに、大半は提携銀行を介した融資でバランスシートにはその2％しか計上されていない。しかも伝統的金融業が受ける資本規制の制約なしに膨張を続けている。金融リスクの火種になる懸念が指摘され、規制当局と長年つばぜり合いをしてきた。

２０年６月には社名から「金服（フィナンシャルサービス）」を取りアントグループに改称、投資家らに対し「フィンテックではなく、テック企業だ」と強調していたのも、規制当局からの管理・監督や批判をかわすためだった。

命取りになったのが、１０月２４日に上海で開催された金融サミットでの、アリババ創業者・馬雲（ジャック・マー）氏のスピーチだ。同氏は２０１９年９月にアリババの会長職を退き自らを退休人士（引退者）と称していたが、直接保有と間接所有の合計でアントの発行済み株式の５０・５％を保有。グループで最も革新的で金のなる木であったアントを実質支配している。

この日、馬雲氏は与えられた時間を超過し、「バーゼル合意は老人クラブ」「中国の問題は金融のシステミックリスクではなく、金融エコシステムの欠如というリスクだ」と踏み込んだ発言を繰り返した。

この金融サミットには、王岐山・国家副主席や前中国人民銀行総裁の周小川氏など金融畑の大物が出席。とくに王岐山氏は開幕スピーチで「近年、新しい金融技術が普及し効率性や利便性が高まった一方で、金融リスクも拡大している」と警鐘を鳴らしていた。馬雲氏のスピーチは王岐山氏の発言を否定したとも取れる内容になっていたのだ。

中国メディア「財新」によれば、馬雲氏はスピーチ原稿を自らまとめ、金融事情に精通したアント関係者には事前に見せなかった。関係者は「馬雲一人の増長だ」と明かしているという。

中国のネット上には、以前の社名「螞蟻金服（マーイージンフー）」と同音の「馬已経服（馬雲はすでに屈服した）」との揶揄がある。未曽有のＩＰＯを目前に控え、虎の尾を踏んでしまった馬雲氏。巨大化したデジタルプラットフォーマーは、政治との距離が問われる。

（秦　卓弥）

現地駐在員10人に聞いた

中国「新常態」のリアル

「困ることは何もない」。上海の日系メーカーで働く男性は、〝アフターコロナ〟の中国での生活についてそう言い切る。

上海や北京、広州など大都市を中心にデジタルサービスの実装が急速に進む中国。現地の駐在員は「コロナ前の日常を取り戻せた」と口をそろえる。さらにフードデリバリーやEC、Web会議など、コロナ以前から生活に根付いていたテクノロジーの、一層の普及と進化が新常態（ニューノーマル）をもたらしている。

腹がすけば、フードデリバリーアプリの「美団（メイトゥアン）」や「餓了麼（ウーラマ）」で注文すればいい。1・5キロメートル圏内であれば、30分ほどでレストランの料理が自宅に届く。電子決済アプリのウィーチャットペイやアリペイで支払うため、わざわざ玄関で現金を用意する必要はない。

美団などの基本的なサービス内容は日本の出前館やウーバーイーツと同様だ。配送料は、例えば出前館でマクドナルドの商品を注文すると420円。それが中国では、30分前後の配送時間ならば9元（約140円）だ。物価を考えると少し高いようだが、「期間限定のクーポンを使えば店に行くより安く食べられる」（北京のIT企業勤務の男性）という。

上海の別の駐在員は「以前はリアルのスーパーに行っていたが、（入国後14日間の）隔離を経験してからはネットで買うようになった」。理由は簡単。便利だからだ。

買い物はネットで完結

パンや牛乳をはじめ日常的な食品も、アリババ系の「盒馬（フーマー）」などのネットスーパーアプリで注文すれば、30分程度で家に届く。自宅とスーパーの往復時間を考えれば、店に行くより早いという。店頭では目当ての商品を歩いて探し回る必要があるが、アプリで検索すればすぐに見つかる。「1日1回までは手数料無料で使える。一人暮らしだし、1日1回で十分だ」（冒頭のメーカー駐在員）。

一方、「不衛生な配達員もいるため、中国のデリバリーアプリは使いたくない」と語る駐在員もいる。別の駐在員は、「（とんこつラーメン専門店）『一蘭』の偽物を売る店が掲載されていた」と指摘。アプリの画面を見せてもらうと、本物らしいカバー写真はあるものの、店名は本家と異なる「本日一蘭ラーメン」だ。商品名も「クリスシー豚骨」「豚の軟骨豚骨」など、どこか不自然。便利そうなアプリだが、〝パクリ〟も紛れ込んでいるようである。

食べ物のデリバリーだけではなく、「EC利用がさらに活発になった」と話すのは北京の日系商社マンだ。中国国家郵政局の資料によると、20年1～9月の宅配便件数は前年同期比約3割増の561億件。配達される商品があまりに多く、路上にも置かれるほどだ。それでも至る所に設置された監視カメラが奏功しているのか、「泥棒はいない」（北京の商社マン）という。

仕事の面では中国でも在宅勤務が普及したが、Web会議ツールの定番はZoom

など米国のサービスではなく、現地ＩＴ大手の「テンセントミーティング」だ。サービス開始から1年足らずでユーザー数は1億人を超えた。「中国企業との会議はほとんどがこれ」と北京の駐在員は話す。ある駐在員は、「在宅勤務を休みだと思っているのか、中国人社員が平日なのに旅行してしまう」と苦笑い。旅先で電話やメールが通じないと、「通信環境が悪かった」「回線に異常が出た」とごまかされるのだという。

便利なデジタルサービスによって新常態の生活様式をいち早く実現した中国だが、どことなく〝中国らしい〟エピソードは尽きない。

（星出遼平）

健康QRコードと〝村社会〟

２０２０年１０月某日の大都市、広州。通勤時間帯の地下鉄ホームは芋を洗うような大混雑だ。現地駐在の商社マンは「完全にコロナ前のラッシュアワーに戻った」と話す。

広州のある広東省や北京では、１日当たりの新型コロナウイルス新規感染者はおおむね1桁が続く。コロナ禍から脱しつつある中国で、感染抑制の立役者の１つとされるのが「健康ＱＲコード」だ。

スマートフォンアプリ上で個人の行動履歴や健康状態を入力すると、感染リスクを「緑」「黄色」「赤」の３色で表示。ＱＲコードが通行証の役割を果たす。緑なら交通機関や公共施設を自由に利用できるが、黄色と赤の場合は一定期間の隔離が必要となる。

北京のIT企業で働く男性によると、「レストランやイベント会場、職場など人が密集するところではコードの提示を求められる」という。市内のスーパー「イトーヨーカドー」は、コードをスキャンしないと店に入れない。

最初から完成された仕組みだったわけではない。アプリを毎回起動するのが面倒なためか、「スクリーンショットを保存して見せるだけの人もいた」（北京の駐在員）。すると、画面中央の囲みが点滅するように変わったという。試行錯誤を経て今の形になっている。一方、「コード提示を求められたことはほとんどない」（上海）、「いつ使うの?と周りに聞いたくらい」（広州）など、利用頻度は地域によって差があるようだ。

北京市東城区人民政府HP

北京の健康QRコード（上）。スキャンしないとスーパーなどに入れない

旅行しただけなのに…

北京の別の駐在員は建国記念日に当たる国慶節の連休に、山東省青島市へ旅行した。連休明けの10月11日、同市は市内で3人の新規感染を発表。すると翌12日の午前中、彼が住むマンションのフロントから「9月27日以降に青島へ行った人はお知らせください」と連絡が届いた。旅行した旨を伝えると、2週間の自主隔離を求める注意書きを、玄関のドアに貼られたという。

上海のある駐在員は中国へ入国後、ホテルと自宅で1週間ずつの隔離措置を受けた。自宅では「玄関のドアにセンサーが取り付けられ、ドアを開けると〝街道〟（町内会のような組織）の管理人に連絡がいった」という。「コミュニティーの中でチェックし合い、（感染対策上）おかしい人がいたらチクり合っている」と話す駐在員もいる。

デジタル技術だけでなく、「隅々まで目が行き届くアナログな体制」（北京の商社マン）が、〝村社会〟のように機能しているのかもしれない。

デジタル人民元の未来

10月14日、広東省深圳市の「経済特区設立40周年」記念式典に習近平国家主席が出席するのに合わせ、世界が注目する、あるイベントが同市で始まった。デジタル人民元の実証実験だ。

抽選で市民5万人に200元(約3000円)のデジタル人民元が配られ、当選者はスーパーや飲食店での支払いに使用。スマートフォンの専用ウォレットアプリの使い勝手は、中国国内で普及するスマホ決済「アリペイ」「ウィーチャットペイ」とそっくりで、1週間の実験は滞りなく終わった。政府は2022年の北京冬季五輪までに正式発行を始める計画だ。

「深圳は、テクノロジーや産業のイノベーションで世界の主導者たれ」。記念式典での習氏の演説は、国家によるデジタル通貨への期待の表れでもあった。米中対立が進む中、基軸通貨である米ドルの脅威になるのではないかとの見方が出ている。

デジタル人民元の未来はどうなるのか。その等身大の姿に迫っていこう。

デジタル人民元は通常のスマホ決済と同様、エンドユーザーが銀行口座から一定の金額をウォレットにチャージして使う。携帯電話の通信が使えなくても、エンドユーザー同士で端末を近づければデジタル人民元のやり取りができる。

通貨システム全体の中でデジタル人民元がどう位置づけられるかを示したのが次図だ。

■デジタル人民元は現金を置き換える
—2層構造の決済システムのイメージ図—

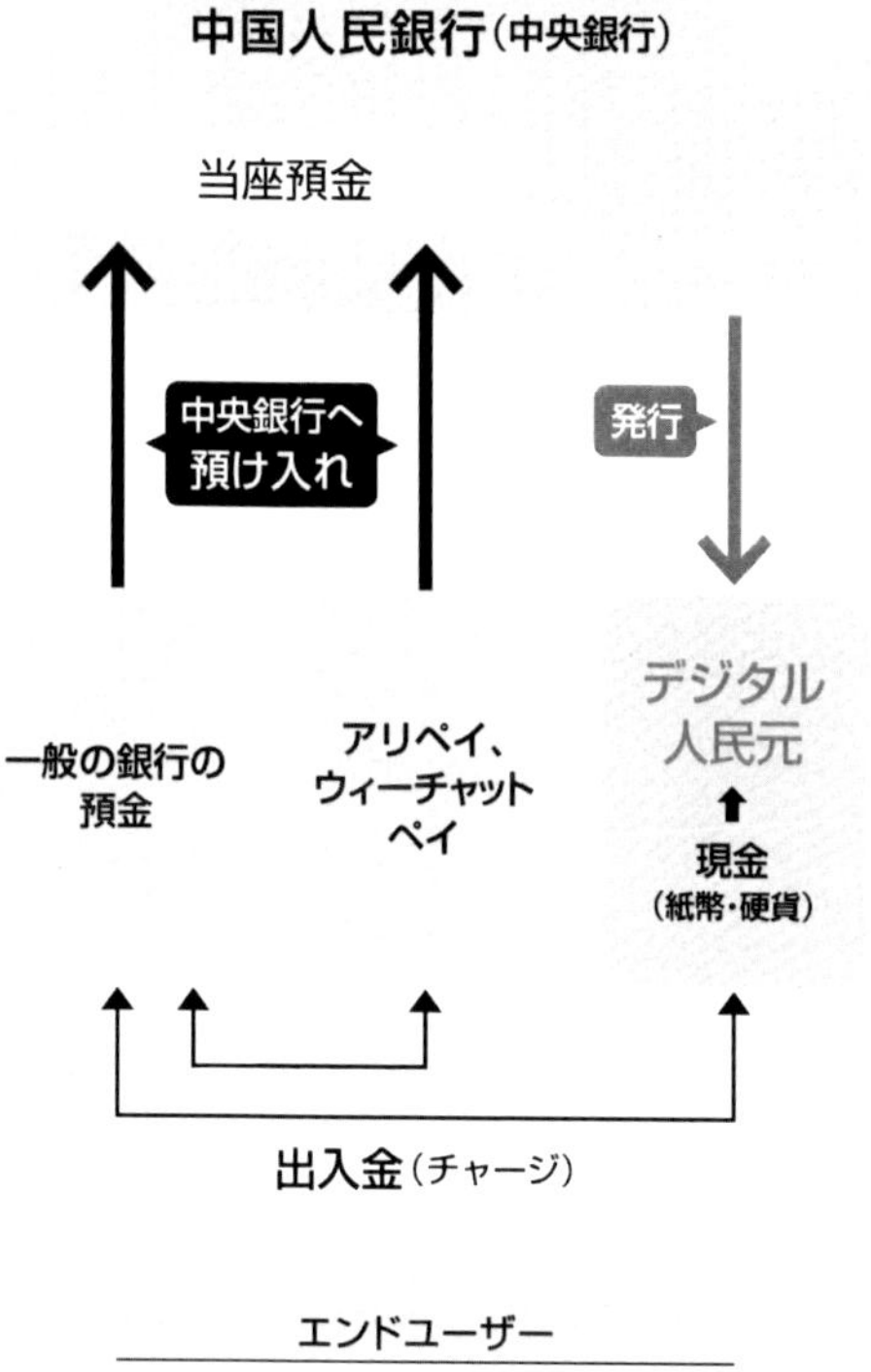

(出所)東洋経済作成

デジタル人民元は現在流通する紙幣・硬貨の現金を置き換えるだけだ。例えば、エンドユーザーが銀行口座からデジタル人民元のウォレットへ資金をチャージすると、一般銀行が持つ中央銀行当座預金残高がその分だけ減り、同額のデジタル人民元の流通量が増えることになる。

これは現金で起きていることと同じであり、マネーストックなどの通貨総量のメカニズムは変わらない。その結果、中央銀行による金融政策の機能が維持されるほか、一般的な銀行の預金も従来どおり存在し続けるため、預金を元手とした銀行の融資事業も継続性を保つことになる。

つまりデジタル人民元はエンドユーザーの利便性向上を除けば、本質的には金融システムにとって変化は小さい。これに対し、アリペイやウィーチャットペイなどの決済事業者の拡大は、実は金融システムの脆弱化につながりかねない状況を引き起こしていた。

スマホ決済では、決済事業者がエンドユーザーからチャージされた資金の滞留部分を銀行預金や投資に充てたり、エンドユーザー自身がチャージ資金を高利回りで出し入れ自由の金融商品「余額宝」で運用していたりした。このため一般の銀行がアリペイや余額宝からの貸し付けや預金を資金源とするという、いびつな構造を生み出した。

こうした状況は、中央銀行による通貨総量の制御を困難にして金融政策を弱体化させるうえ、スマホ決済の一民間事業者の行動や信用力が銀行の連鎖倒産をも招きかねないものだった。

中国政府は19年から、アリペイなどに対し、チャージされた資金の100％を中央銀行の当座預金にすることを義務づけ、余額宝などの投資制限も進めて金融安定化の布石を打った。そうした中で着々と進むデジタル人民元の実用化は、政府がいよいよスマホ決済の本丸に斬り込むことを意味する。

アリペイを展開するアリババグループの創業者・馬雲（ジャック・マー）氏からすれば、リスクを冒してつくり出したスマホ決済市場をやすやすと政府に持っていかれるように映るかもしれない。11月には政府介入によってアリペイなどを展開するアントグループの新規株式上場が突如延期された。

中国政府の動きは民間の活力をそぐ「両刃の剣」にも見えるが、国立情報学研究所の岡田仁志准教授は、「インターネットではアリペイや米フェイスブックのリブラ構想のように『お金とアプリはセット』という時代になってきた。エンドユーザーがサービス事業者の独自通貨と国の法定通貨の違いを気にしなくなれば、通貨＝国家という幻想は吹き飛ぶ。仮に、海外のアプリが席巻すれば、自国の通貨は丸ごと奪われかねない時代になる」と指摘する。

中国政府にとって、デジタル人民元が将来、決済手段の乏しい途上国でも使われるのは歓迎するところだが、現時点でまず重要なのは、自国の通貨を海外（とくに米国）のアプリから守ることだろう。

次にデジタル人民元の国際通貨としての可能性はどうか。デジタル人民元は将来、基軸通貨・米ドルを脅かす存在になるのだろうか。

実は国際通貨として考える場合には、デジタル化による利便性向上よりも、その通貨を誰がどのようにコントロールしているかという、通貨の「素」の部分が重要になってくる。

基軸通貨になる必要条件

獨協大学の徳永潤二教授は、「現代は『マネーマネージャー資本主義』の時代と呼ばれるように、国際通貨にとって貿易決済をはるかにしのぐ金融取引が多大な影響力を持つ。つまりは世界の機関投資家がその通貨建ての金融資産を保有したがるかどうかで、基軸通貨は決まってくる」と指摘する。

世界で圧倒的な資金量を持つ西側諸国の投資家にとって、人民元は保有したい通貨なのか。それを米ドルとの対比で示した。

中国人民元は世界の基軸通貨になれるか？
―西側諸国の投資家から見た評価―

	米ドル	中国人民元
他通貨との交換性	◎	△（資本移動規制）
運用資産の柔軟性	◎	△（後進的な資産運用市場）
通貨価値の安定性	○	△（共産党独裁のリスク）
金融制裁リスクの低さ	○	△（対外政策の不透明性）

（出所）東洋経済作成

まず国際通貨として基本となる他通貨との交換性では、米ドルと比べ人民元は大きく劣っている。人民元は現在も強く残る資本移動規制のために制約は大きい。また資産運用市場の発展が遅れているため、外国人にとって人民元建てで保有できる金融資産の種類は少ない。さらに共産党独裁のため、西側諸国から見れば通貨価値の安定性や金融制裁リスクにおいても心配の種は尽きない。

中国政府の人民元改革もあって中国貿易額に占める人民元建て決済のシェアは、4割弱まで高まってきた。しかし世界の外貨準備総額に占めるシェアでは、米ドル61％、ユーロ20％、円6％に対し、人民元はわずか2％で横ばいが続く（20年6月末時点、ＩＭＦ調べ）。世界の投資家は圧倒的に米国国債などのドル建て資産を求めている。

こうした事情を知る、米元財務長官ヘンリー・ポールソン氏は「金融市場の透明性と開放性こそが米国の最大の強みであり、人民元の脅威を過大評価すべきではない。米国がドル決済禁止の金融制裁を濫発すれば、ドルに代わる準備通貨を求める動きが広がるため、注意すべきだ」と主張している。

こう見てくると、国際通貨としての人民元の行方もある程度予想できそうだ。つまり、人民元が今後、早期に米ドルを代替するのは無理だが、ロシアやイラン、ベネズエラなど米国の金融制裁を恐れる反米諸国にとっては準備通貨になりうる。それは世界の東西分断がどれだけ進むかということと表裏一体の関係になる。

（野村明弘）

米国が恐れる「智能化戦争」の正体

中国軍はAIで「制脳権」を狙う

中曽根平和研究所 研究顧問・長島 純

かつては火薬や核兵器の誕生が戦争のあり方を変えたといわれるが、近い将来、人工知能（ＡＩ）が戦争そのものを変えるかもしれない。

縦横無尽に動きながら目標を正確に破壊する無人の戦車、群れをなして空母に襲いかかる数万もの小型ドローン、空中戦のただ中でパイロットに戦い方のアドバイスを行う小型ロボット、リアルタイムの情報を基に最適の突入攻撃を行うミサイル――。

中国政府が２０１９年に公表した中国国防白書で「智能化戦争（intelligentized warfare）」は、このような将来戦の絵姿に沿うものと思われ、ＡＩを備えるインテリジェントな自律型無人システムやロボットが戦場の主役となる。その戦いの中核となるＡＩは、アルゴリズムとデータによって進化を続けるデジタル・エコシステム（生態系）であり、人間が実証的に使用しつつ新たなデータのインプットを繰り返すことによって進化を遂げてゆく。

そして、中国が智能化戦争において、先進技術大国である米国に対し優位を得るには、同時に、ＡＩの能力を支える量子（計算機）、高精度センサー、画像認識システム、超高速ネットワーク、ビッグデータなどの先端技術の進化が不可欠であり、それらを有機的に組み合わせることで、軍事の智能化の発展を加速させ続けられる。それゆえ、昨今の米中対立において、中国の華為技術（ファーウェイ）などの先端技術関連企業に対する米国の輸出規制が厳しさを増し、これら先端技術の切り離し（デカップリング）が進む背景には、中国による智能化戦争の実現に対する米国の国家安全保障上の大きな懸念があろう。

しかし中国は、表面上、この対立を物ともせず、智能化戦争の領域を、物理的な現実空間にとどめず、さらにその先の空間領域へと進めつつあるように見える。なぜなら、あらゆるものがインターネットにつながり（ＩｏＴ）、物理的な現実世界とデジタルのバーチャルな空間、そして人間が融合する環境が実現する第4次産業革命を迎える中で、AIが、現実空間と融合を深める仮想空間へ、そしてさらにその先の認知空間へと、その応用領域を広げる可能性が現実のものとなりつつあるからである。

中国では、この認知領域を、陸海空、サイバー、宇宙空間に続く、第6の空間と位置づけ、軍事上の制海権や制空権と同様に、「制脳権」という概念が提起されている。

米大統領選挙やコロナ禍の中で、偽情報を用いた意図的な攻撃が国家主体によって行われ、民主主義や安全保障が損なわれるという懸念が高まっている。グレートファイアウォールで外部インターネット情報を遮断し、これらの攻撃を受ける危険性の低い中国とは異なり、表現の自由や人権を重んじる民主主義国家では、自由で開かれた通信網を通じて行われる情報攻撃を止めることは極めて難しい。

その結果、匿名性、利便性、即時性という特徴を有するSNS上で繰り返される偽情報攻撃も、その効果や背景から、ロシアがウクライナやシリアで実践した、情報戦、サイバー攻撃、非正規の武装集団から成るハイブリッド戦争の一手段と考えることができる。

欧州委員会は「中国とロシアは偽情報を流布して、民主的な議論を阻害し、社会の分裂を促進させる一方、自分たちの印象はよくしようとした」として中国を厳しく非難したが、民主主義国家への偽情報の流布は、サイバー攻撃と同様に止まることはない。

この問題の本質は、SNSで流れる情報の真偽だけでなく、それらが人の判断に影響を与え、真実に関する認識を歪め、人の行動を変える効果を及ぼすことにもある。そして、人間の認知領域に対するデジタル攻撃は、さらに、AIにより偽の動画や音声を作り上げるディープフェイクと呼ばれる攻撃手法によって激烈化してゆく。

2020年5月、米国務省は、中国共産党を支持するインターネット世論誘導集団の「網路水軍」がツイッター上で大量の偽情報を拡散させるために、AIを搭載したボットネットワークを使用したと明らかにした。

策定中の「中国標準2035」において、中国は情報・通信技術の標準化戦略を最優先事項に掲げ、デジタル技術の中国標準を世界に広げる方針を明らかにするとみられる。

その流れの中で、国際標準化する中国製通信機器や特定の中国製アプリから収集された個人情報等がビッグデータ化され、それらデータがＡＩの機械学習に利活用されることで、より精緻で効果的な攻撃手段としての完成度が高められ、戦わずして勝つという中国の非対称の戦いが助長されかねない。

戦場の概念が拡張する

中国は、１９５０年代に「軍民結合、平戦結合」という方針を掲げ、現在の「軍民融合」の下で国家戦略として民生技術の国防技術への転用を推し進めてきた。このように民生と軍事の技術上の境界が曖昧な中、今後、智能化戦争の発展過程において、軍民両用技術をテコとして、サイバー・インターネット空間に連なる認知領域から人間自体を対象とする生物工学上の新領域へと、戦場概念が拡大されるおそれも現実のものとなる。

例えば、中国国防科技大学において２０年以上にわたり研究が進められている、脳情報を利用して脳（ブレイン）と機械（マシン）を直接つなぐＢＭＩ技術では、脳波などの脳活動を利用しての機械操作が可能である。将来、軍事装備品の遠隔操作や兵士を代替する戦闘ロボットの実現にＢＭＩ技術は寄与するであろう。

中国がバイオテクノロジーに関し、高い致死性、低いコスト、多様な攻撃手段という利点から、遺伝子兵器や遺伝子攻撃を智能化戦争の一部に位置づけるようになれば、戦場から人間社会の秩序や尊厳が失われることになりかねない。

技術の進歩によって、物理的犠牲を強制する古典的な戦争から仮想・認知空間などへの戦場概念の拡張は不可逆的なものとなった。中国の智能化戦争の進化と変質に警戒を怠ることは許されない。

長島　純（ながしま・じゅん）
元航空自衛隊空将。１９８４年防衛大学校卒業。ベルギー防衛駐在官、国家安全保障局審議官、空自幹部学校長を歴任。欧州、宇宙、先端技術などの安全保障問題に詳しい。

加速する新興国のＤＸ

東京大学社会科学研究所　准教授・伊藤亜聖

２０１０年代の中国に生じた最大の変化はデジタル化だった。経済成長率が低下し、改革が停滞する中でも中国経済の変貌は続いた。デジタル化の以前と以後で、中国の生活、産業、社会が一変したからだ。

生活面ではキャッシュレス決済やフードデリバリーが普及し、金融から医療、そして物流分野にまで新サービスが広がった。ＧＡＦＡに並ぶ企業としてアリババ、テンセントの台頭が見られ、行政手続きの電子化も進み、生活の利便性は格段に向上した。しかしデジタル化はグローバルな現象であり、ほかの新興国でも地殻変動は進む。「デジタル中国」はどこまでが新興国的な現象で、どこからが中国独自の現象なのか。

国際比較の視点から見てみよう。次図は横軸に1人当たりGDP（対数値）を、縦軸にインターネットを通じた支払い・購入の経験を持つ人の比率を取ったものだ。円の大きさが人口規模を示す。

中国に比べて日本の出遅れが際立つ
―デジタル化と経済成長の関係―

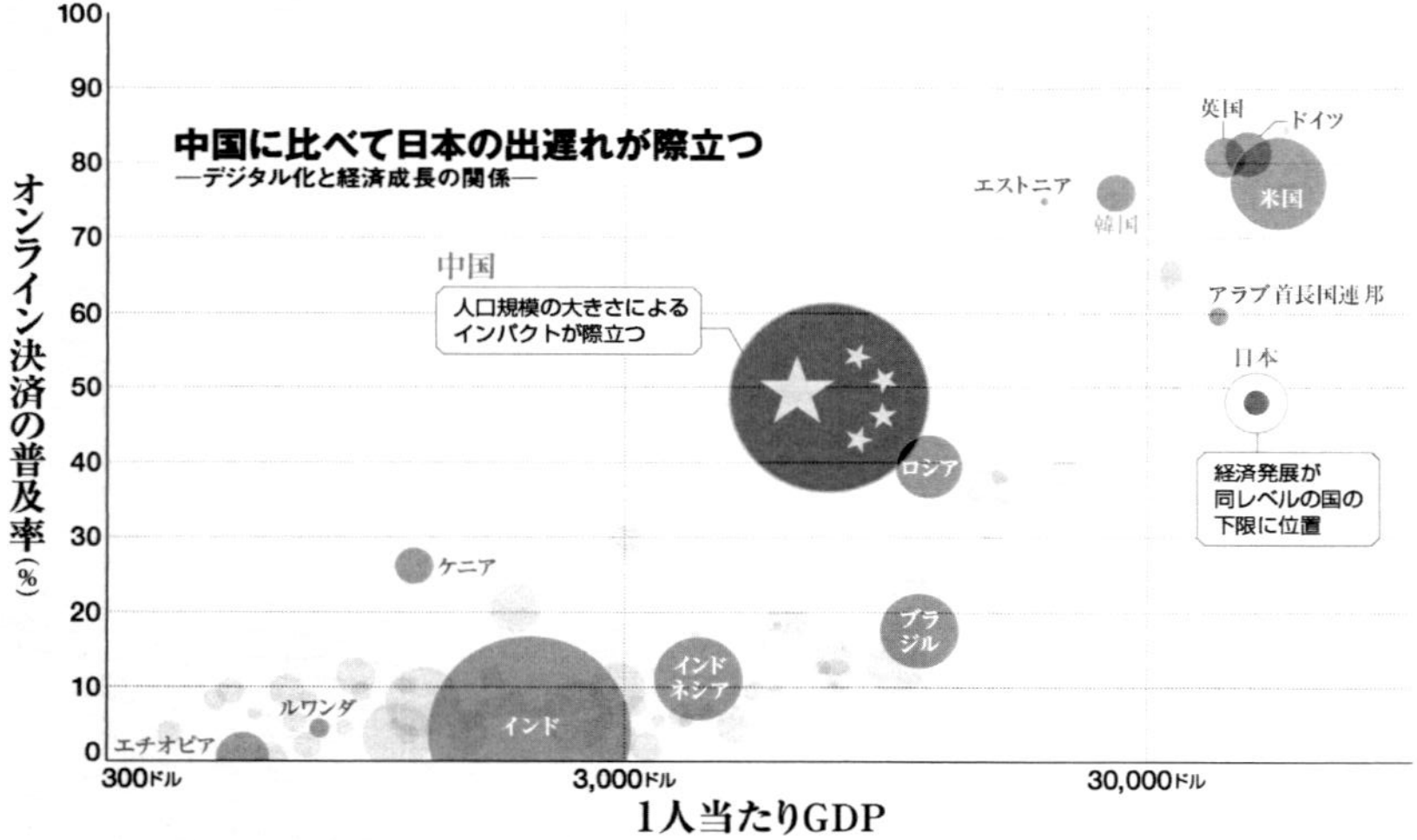

(注)各国の円の大きさは人口規模を表す。オンライン決済の普及率は各国の15歳以上人口に占めるインターネットを通じた支払い・購入経験のある人の比率。1人当たりGDPは購買力平価で2010年国際ドル表示。いずれも17年のデータ　(出所)世界銀行「Global Findex Database」および「世界開発指標」を基に筆者作成

中国は中所得国に位置するが、発展水準に比べてデジタル化は進んでいる。何よりもその人口規模のインパクトは大きい。データ取得時点の17年からの進展も著しい。同時に、デジタル化の問題に関し中国だけでなく、ほかの新興国にも視野を広げてみる必要がある。

インドでの電子生体認証ID・アダールの普及、東南アジアでのモバイル決済とライドシェア・タクシー配車の普及、アフリカにも広がるスタートアップ企業の創業環境とベンチャー投資……。中国の外に目を向けてみても、モバイルインターネットの普及が、新興国・途上国の課題解決や、新しい技術の導入が先進国よりも新興国で先行するという「飛び越え」型の発展につながり始めている。加えて潜在的には自動化の進展による労働市場への影響や、権威主義体制との融合というリスクも同居する。

注意が必要なのは、新興国の国内市場を苗床として変化が起きつつあることだ。2005年のベストセラーに『フラット化する世界』(トーマス・フリードマン著)があった。同書の執筆のきっかけは、インドのオフショア受託企業・インフォシスの共同創業者ナンダン・ニレカニ氏との会話だった。

ニレカニ氏は、その後、２００９年にインドの電子生体認証ＩＤの整備に当たり、所管省庁である固有識別番号庁の初代長官となり、母国のデジタル化の基礎を構築した。フリードマン氏が見た時代は、米国を中心とする先進国が市場とすれば、途上国は下請けだった。しかし今、新興国の内部からの、自国をデジタル化しようとする動きが加速している。中国も同様だ。

中国の特色あるデジタル化

では、中国の特徴はどこにあるのか。１つはアリペイ、ウィーチャットに代表されるスーパーアプリの形成である。スーパーアプリは、数億人単位のユーザーを持ち、各種サービスへの導線を確保するのみならず、部分的に開発環境も提供するものだ。ＧＡＦＡとは異なるアプローチで、未知の統合的サービス生態系を実装したわけだ。

成長過程で外資企業との競争に勝つしたたかさを中国企業が持っていた。アリババ創業者、馬雲（ジャック・マー）氏は米ｅＢａｙとの競争を念頭に次のように言った。

「大海ではなく、河で戦えば勝てる」。河とは国内市場のことだ。

加えて、ある段階から政府が海外サービスを遮断して国内企業を育成する「輸入代替デジタル化」も進んだ。中国共産党のリーダーシップの下で、統治の正統性を強化するeガバメントと監視社会化も進んできた。まさにデジタルの機会とリスクをともに、そして深く体現しているのが中国だ。

アントグループの上場延期は、プラットフォーム企業が国内の業界再編を主導する時代が1つの終わりを迎えたことを意味するのかもしれない。10年代には、なし崩し的に規制のグレーゾーンで新サービスが広がった。中国ではこうしてデジタルトランスフォーメーション（DX）が進み、実質的に経済構造改革を担った。その過程でフィンテックに代表される規制の外側でのサービス拡大が「イノベーションを推進している」という物語の下、許されてきた。馬氏はまさにこの物語の語り部である。

米中摩擦の下、中国企業は新興国市場の開拓を目指す。アリババが出資した東南アジアのeコマース大手、ラザダは競合のショッピーに追い上げられている。同社の大株主はテンセントだ。中国の野蛮なるDXは、国内的にはいま岐路にあり、世界戦略では現地の規制や商習慣などローカルな環境への対応を競い始めている。

日本はどうか。先の図からもわかるように、経済発展水準と比べデジタル化は遅れている。17年以降の進展も大きかったが、それでも日本は、工業先進国であったような意味ではデジタル先進国ではない。

それでも工業分野での能力蓄積を十分に生かし、また新興国に展開する日系企業の現地拠点を足場とすることができる。同時に、これまでのように技術・サービスを一方的に提供する立場は取らず、新興国からも大いに学ぶべきだ。

国としては、デジタル化によって新興国が直面する、前述したような脆弱性を補う働きかけも必要だ。日本はより対等な目線で、より望ましいデジタル社会を共に創るべく、新興国の「共創パートナー」となるべきだ。

伊藤亜聖（いとう・あせい）
1984年生まれ。慶応大学博士（経済学）。専門は中国の産業発展と対外直接投資活動。新興国におけるイノベーションも研究対象。近著に『デジタル化する新興国』（中公新書）。

【特別対談】中国を知り尽くす2人が徹底討論

デジタル中国への期待と不安

神戸大学教授・梶谷　懐
アジア・パシフィック・イニシアティブ　シニアフェロー・徳地立人

デジタル技術が国民の生活へ急速に浸透していく中国。気鋭の研究者と中国ビジネスのレジェンドが、激変する大国の先行きを占う。

──中国のデジタル化への新型コロナウイルスの影響は。

【梶谷】オンライン会議の増加や医療分野でのオンラインサービスの普及に拍車がかかり、デジタル化への追い風になった。ただ、コロナ禍がきっかけにはなったが、すでに中国で始まっていたＤＸ（デジタルトランスフォーメーション）の延長線上にあるのだろう。
例えば、スマートフォンアプリの「健康碼（健康コード）」はウイルス感染に対する安全度を判定するが、これはチャットアプリ「微信（ウィーチャット）」や「支付宝（アリペイ）」など既存サービスの情報とひも付けして利用できる。既存のサービスを基にコロナ対策に使われたため、感染拡大への対応が早かったと評価できる。

【徳地】デジタル化の流れはさらに加速する。中国社会の需要はまだ満たされていない。中国ではインターネットの利用増加でビジネスチャンスが増えてきたが、これからは「互聯網プラス（インターネットプラス）」政策の下でネットとリアルが融合していくだろう。また、中国には若くてハングリーな起業家が大量に存在する。さまざまな分野で激しい競争が繰り返され、よいサービスが相次いで生まれている。

――中国には起業家を支援する投資資金、リスクマネーが豊富です。

【徳地】テンセントやアリババという資金力のある中国企業に加え、今も米国のベンチャーキャピタルが中国へ向かっている。また、中国の地方政府もファンドを立ち上げて投資している。さらに、中国版ナスダック「科創板」の勢いがすごい。2019年だけで70社、824億人民元（約1・3兆円）の資金調達が行われている。上海、深圳のメインボードの取引を超える勢いだ。中国の優良なデジタル企業はこれまで米国に向かっていたが、米中新冷戦で上海や香港に回帰し始めている。中国政府の強いサポートも今後続くだろう。

――アントグループの上場が直前になって無期限延期されました。この事態をどうみますか。

【徳地】アントの実質的な支配者の馬雲（ジャック・マー）氏による最近の発言が当局批判と受け止められたのがきっかけだろう。デジタル金融の成長にはこれまで政府からの一定の保護があった反面、金融機関からの反発が強かった。

馬雲氏の発言で彼らの不満が一気に爆発し、政府も抑えられなかったのかもしれない。デジタル人民元導入も控え、中国政府は民間のデジタル金融にコントロールを利かせる方向で動くだろう。これからの「政治の時代」の中国のあり方を示唆している感がある。

【梶谷】アリババやテンセント、百度（バイドゥ）など中国の大手ＩＴ企業は本社を海外で登記しており、形式上は外資企業だ。彼らは民営企業、外資、そして「一帯一路」などの国策を担う企業という３つの顔を巧みに使い分けてきた。その矛盾が、このタイミングで顕在化したのではないかと思う。

——国家が強くなりすぎて民営企業の活動を阻害する可能性は。

【梶谷】それは産業ごとに違うのではないか。例えば深圳で進んでいる製造業のイノベーションを見ると、政府があまり介入していないからこそ多様なスタートアップ企業が生まれて成長している。模造品の横行や米シリコンバレーからの資金流入など、深圳の状況は国家が強く管理しているというイメージとは懸け離れている。

そんな深圳のビジネス環境を「安全な公園」に例える人もいる。これは、地方政府が設計した制度の下で起業家たちが伸び伸び仕事をしているという比喩だ。政府は「公園」をつねに監視しているわけではないが、「子ども」がケガをしないよう細心の注意を払って制度設計がなされている。これが深圳での自由なイノベーションを可能にしている。同じ製造業でも、半導体の設計など国家が深く関与する分野はまた事情が違う。

【徳地】国有企業も資本市場からの資金調達やデジタル化によってそれなりに効率を高めているのは間違いない。また、原子力発電や高速鉄道など大手の国有会社を合併させ、技術やコスト競争力を高め、海外進出を促す手法は、中国企業を強化している。日本や欧米諸国も中国に対抗するために、WTO（世界貿易機関）の国有企業規制の厳格な運用を主張しているが、効果は上がっていない。

いま中国では国有企業と民間企業の合弁を政府が促している。分野にもよるが、基本的に民間企業の意欲をそぐことが多い。どこまで効果が出るか疑問だ。

――中国のデジタル化には、国家的なプランがあるのでしょうか。

【梶谷】アリババの「芝麻信用」などに具現化された社会信用システムの構想は、朱鎔基氏が首相を務めていた1990年代からあった。先進国並みの、与信管理を伴った金融システムが中国にも必要だという問題意識がその根っこにある。以前から取り組んできたことが、デジタル化の進展により実現が早まったということだろう。

中国では、政府が設計主義的に細かい実行プランをつくっても、うまくいかないことが多い。逆に20年以上先を見通した大きなシステムづくりには長けているようだ。インターネットプラス、「中国製造2025」など15年ごろから出てきた産業政策も、目先の成長の追求というより、長期的に取り組んできた政策の集大成とみたほうがよいのではないか。

【徳地】同感だ。「まずやってみて、結果がよければ普及させる」という鄧小平の改革と似ている。今の中国のプラットフォーマーたちは、最初は米国のコピーである程度成長した。中国政府は当初放置していたが、成長が経済や社会にもたらす影響が広がってきたため一定の管理をするようになった。10年ごろからスマホが普及すると、一気に10億人ほどの生活と経済と社会がつながり、そこにいろいろな可能性が出てきた。さらに政府のインターネットプラスといった政策も出た。下からニーズやビジネスが成長し、上で消化されて正式に認可されるというパターンではないか。大事なのは政府がその重要性を認識できたことだ。

日本への教訓は何か

――現在の中国のデジタル化から、日本は何を学べますか。

【梶谷】これは政府からみるか、市民からみるかで、かなり違ってくるだろう。市民としてはプラス、マイナスの両面を中国の現実から学ぶべきだ。武漢からの新型コロナ感染拡大について、「発生初期に当局が情報を隠したから感染が広がった」ことは否定できない。しかし、その後は感染対策と経済の両立を図りながら、合理的な手法で感染拡大を抑える手法がとられ、これが奏功した。うまくいったのはなぜか、日本で同じことができるか、批判すべき点はどこか。これらをもっと中国からの情報を踏まえて考えるべきだと思う。

日本では菅義偉政権が行政のデジタル化を叫んでいるが、日本と中国とで社会のあり方が違うことには注意も必要だ。

というのも、中国では業界団体、あるいは労働組合や宗教団体といった「中間団体」の存在感が薄い。日本では中間団体が生活上のリスクから個人を守る側面が強いが、中国はそうではない。だから国家が個人の情報を管理しやすい。日本でもマイナンバーに個人情報をひも付ければ行政サービスが利用しやすくなるという指摘があるが、中国のように国家が個人の生活に直接関わってくる状況がいいのかどうか、考える必要がある。

【徳地】日本企業としては、14億の人口を持つ中国のデジタル化でどう稼ぐかをよく考えるべきだ。自社がどのような強みを発揮できるかをしっかり考え、中国のプラットフォームを活用することを検討するのが大事だ。従来型のプラットフォームビジネスは成長の限界に直面し、「リアルの強み」や「製品・サービスの質」が問われているといわれている。今は日本企業の「リアルと質の強み」を発揮する商機と捉えるべきだ。

【梶谷】企業でも、規模によって状況は違う。大企業は駐在員を通じて現地の状況を把握してはいるが、それを参考にして自らを変えることができていない。中小企業は生産拠点として進出しても、それから先にどう展開するかを考える余裕がない。むしろ個人ベースで中国にコミットできる人材を増やすべきだ。中国語に堪能で現地の人脈をどしどし築く、新しい「知中派」の育成が今後の課題だ。

――米中対立で両国の人的交流が細ることは、中国のデジタル化にはマイナスではないでしょうか。

【梶谷】関税戦争やハイテク覇権争い以上に中国への影響が大きいのが、両者の相互不信から生じるその問題だろう。米国などが中国への不信を深めている理由の1つは、中国の強権的な政治に対する警戒感だ。もう1つが、あまりにも急速にデジタル技術が進歩したことからくる技術窃取への疑いだ。

後者について、確かにそうした側面もあるだろうが、すべてを説明することはできない。デジタル技術は、それまで十分な産業基盤がない国でも模倣しやすい。海外に送り出した人材が技術を吸収して、現地で働いたり起業したり、あるいは帰国して就職したりという流れをすべて国家的なスパイ行為と見なせば、中国政府がますます報復的な対応に傾く懸念がある。

【徳地】中国には「危機が啓蒙を排す」という言葉があり、外からの脅威があると見なされたら、経済や社会の改革は二の次になる。それがこの百年来繰り返されたが、今も近い状況にある。米中対立は中国社会にも大きな影響を与えるだろう。

――「2つの大循環」というスローガンをどう読み解きますか。

【徳地】コロナ禍、米中新冷戦という状況で、中国国内で意思統一をすることが必要だという意味で、大きなメッセージを出したのだろう。基本的には内需喚起によって国内で経済を循環させ、さらに外需で補完しようという発想だ。海外のサプライチェーンとのつながりを否定するものではない。ただし、米中新冷戦の中で成長の牽引車を外需に期待するのは困難になっている。最悪の場合は自給自足、自力更生できるようにする覚悟を示したのだろう。

【梶谷】国内、国外の2つの大循環をうたっているが、実際には国内経済重視のサインだろう。一帯一路のような対外拡張的戦略は鳴りを潜めていくと思う。国内の投資過剰、供給能力過剰などのピークは過ぎており、資金をどんどん海外に出す状況ではない。人民元の国際化も停滞している。

しかしデジタル技術を使ったさまざまなサービスはインフラ輸出などと事情が違い、ポストコロナの状況下でニーズが高まるだろう。アリババやテンセントなどは国策とは関係なく、これからも自社の戦略としてデジタルサービスの海外展開を進めていくのではないか。

（司会・西村豪太／構成・福田恵介）

キーワード解説

互聯網プラス（インターネットプラス）

モバイルインターネット、クラウドコンピューティング、ビッグデータ、ＩｏＴ（モノのインターネット）、ＡＩ（人工知能）などの発展・推進により中国の製造業を発展させるという構想。

科創板（スター・マーケット）

２０１９年に上海証券取引所に習近平国家主席の肝煎りで開設された新株式市場。上場審査手続きがメインボードより簡略化されている。

一帯一路

習近平国家主席が2013年に打ち出した巨大経済圏構想。中国から中央アジアを経由して欧州へ至る「シルクロード経済ベルト」とマラッカ海峡、スエズ運河を経て欧州へ至る「21世紀海上シルクロード」からなる。

芝麻信用（セサミクレジット）

アントグループが開発した個人信用評価システム。アリババが持つ各種サービスのデータを利用して個人の信用を評価するもの。

中国製造2025

2015年5月に発表された、習近平政権が掲げる産業政策。次世代エネルギーなど10重点分野23品目を設定、製造業の高度化を目指す。米中対立の火種の1つ。

梶谷　懐（かじたに・かい）

1970年生まれ。神戸大学で博士号取得（経済学）。中国人民大学に留学。神戸学院大学准教授などを経て現職。著書に『中国経済講義』、共著に『幸福な監視国家・中国』など。

徳地立人（とくち・たつひと）

1952年生まれ。少年時代に中国に渡り北京大学卒業、大和証券入社。2002年に中国の中信証券に転じ、中信証券国際会長などを歴任。中国の大型国有企業の株式化、5大銀行の上場などに従事。

【週刊東洋経済】

本書は、東洋経済新報社『週刊東洋経済』2020年11月21日号より抜粋、加筆修正のうえ制作しています。この記事が完全収録された底本をはじめ、雑誌バックナンバーは小社ホームページからもお求めいただけます。

小社では、『週刊東洋経済eビジネス新書』シリーズをはじめ、このほかにも多数の電子書籍ラインナップをそろえております。ぜひストアにて「東洋経済」で検索してみてください。

『週刊東洋経済eビジネス新書』シリーズ

No.335　ＥＣ覇権バトル
No.336　検証！　ＮＨＫの正体
No.337　強い理系大学
No.338　世界史&宗教のツボ
No.339　ＭＡＲＣＨ大解剖

No.340 病院が壊れる

No.341 就職氷河期を救え！

No.342 衝撃！ 住めない街

No.343 クスリの罠・医療の闇

No.344 船・港 海の経済学

No.345 資産運用マニュアル

No.346 マンションのリアル

No.347 三菱今昔 １５０年目の名門財閥

No.348 民法&労働法 大改正

No.349 アクティビスト 牙むく株主

No.350 名門大学 シン・序列

No.351 電機の試練

No.352 コロナ時代の不動産

No.353 変わり始めた銀行

No.354　脱炭素　待ったなし
No.355　独習　教養をみがく
No.356　鉄道・航空の惨状
No.357　がん治療の正解
No.358　事業承継　M&A
No.359　テスラの実力
No.360　定年消滅
No.361　激動の半導体
No.362　不動産　勝者と敗者
No.363　弁護士業界　最前線
No.364　YouTubeの極意

週刊東洋経済eビジネス新書　No.365
デジタル大国　中国

【本誌（底本）】
編集局　西村豪太、秦　卓弥、劉　彦甫、星出遼平、野村明弘、真城愛弓
デザイン　小林由依、池田　梢、藤本麻衣
進行管理　三隅多香子
発行日　2020年11月21日

【電子版】
編集制作　塚田由紀夫、長谷川　隆
デザイン　市川和代
制作協力　丸井工文社
発行日　2021年7月29日　Ver.1

発行所　〒103-8345
東京都中央区日本橋本石町1-2-1
東洋経済新報社
電話　東洋経済コールセンター
03(6386)1040
https://toyokeizai.net/

発行人　駒橋憲一

電子書籍化に際しては、仕様上の都合などにより適宜編集を加えています。登場人物に関する情報、価格、為替レートなどは、特に記載のない限り底本編集当時のものです。一部の漢字を簡易慣用字体やかなで表記している場合があります。本書は縦書きでレイアウトしています。ご覧になる機種により表示に差が生じることがあります。

※本刊行物は、電子書籍版に基づいてプリントオンデマンド版として作成されたものです。